25年間「落ちこぼれチーム」を
立て直し続けてわかった

マネジャーとして一番大切なこと

八木昌実

ダイヤモンド社

What the most important thing as a **manager**,
found out through continue rebuilding "Dropout Team" for 25 years.

はじめに

部下に信頼されて、チームの成果まで上がる方法

「一生懸命、指導しているけど、**部下のやる気がない**」

「いろんなトレーニングをするが、**人が成長しない**」

「マネジャーとして率先して頑張っているが、**チームの成果が上がらない**」

「なんだか、**部下に信用されていない**気がする」


日々、こうしたことに悩んでいるマネジャーは多いと思います。

現場で部下を指導するマネジャーは、上司からのプレッシャーだけでなく、部下の鋭い視線、お客さまからのご要望など、四方八方からのさまざまなプレッシャーにさらされ、それをかいくぐりながら仕事をしていかないといけません。

冒頭で挙げたこと以外にも、多くの悩みを抱えているのではないでしょうか。

ですが、**そうした悩みはマネジャーのちょっとした意識の変化で解消する**ことができます。たいていの人は、マネジメントで悩んだとき、マネジャー自身の変革ではなく、上司や部下、職場環境の変革を試みて、それによって現状を改善しようとします。

ですが、それでうまくいくことはまずありません。結局、**マネジャー本人が変わらなければ、現実は何も変わらない**のです。

そう断言できるのは、**かつての私も同じ状況を経験し、そしてそれを克服することに成功した**からです。

◎全国1位のセールスマンから、あっさりマネジャーに転身した理由

ここで少し、私の話をさせてください。

私は1989年、まだ創業間もないプルデンシャル生命保険という会社に入社しました。大学を卒業後、7年勤めた食品会社を経ての転職でした。

プルデンシャル生命に入社後、広島支社でライフプランナーとしてのキャリアをスター

トしました。すると、**入社1年目で全国のライフプランナーの中で4位の成績を取る**ことができました。**2年目には全国1位**になりました。収入は前職からはまったく想像もつかなかったほどになり、ライフプランナーとして大きな成功を収めました。

そして、翌年、あっさりとライフプランナーから、営業所長と呼ばれるマネジャーに転じました。その後も、**マネジャーとして実に多くの成果を収める機会に恵まれます。**たとえば、こんなことをしました。

- 初任地の広島で、営業所長として全国4位を獲得
- 支社長として、新設の新宿支社を全国2位に育て上げる（1人当たり売上は全国1位）
- 全国最下位クラスの仙台支社を、わずか10カ月で全国2位に立て直し
- メンバーの中から全国1位のライフプランナーが誕生

国内だけでなく、海外でも組織を成功に導いてきました。

撤退寸前だった韓国法人を1年で立て直したり、ブラジル現地法人の立ち上げをしたり、10カ国以上の拠点のトップマネジメントに携わってきました（四大大陸制覇！）。

在職中には、社長杯に連続7回、入賞しました。月間の手数料生産性のギネスを樹立し

たほか、会社のビジョンやミッションの策定、社員満足度の向上への取り組みなどにも挑みました。

その後、常務執行役員営業本部長、グループのジブラルタ生命保険の専務執行役員、AIGエジソン生命の代表取締役副社長、そしてプルデンシャル米国本社でシニア・バイス・プレジデントを歴任し、2017年に退任、独立しました。

独立後も、数名ですがチームを率い、世界レベルのアプリや宿泊施設の立ち上げに携わり、間もなく成果を上げようとしています。

ここまで聞くと、「とてもすごい人」「私には真似できそうもない」、そう思ってしまうかもしれません。

でも、**私はいたって平凡な人間で、マネジャーになった頃は、むしろ失敗の連続。任されたチームは全国最下位に沈んでいました。**

だから、断言できるのです。**マネジャーとして必要なのは、才能や特別な能力ではない。**一つの**後天的な技術**であり、それを身につけ、実践することができれば、**どんな人でもマネジャーとして成功できる、**と。そのための方法を本書では解説します。

では、私がどのようにマネジャーとして成功してきたのか。もう少し詳しくお話ししていきたいと思います。

◉世界一の保険会社で、マネジャーをしてわかったこと

もちろん、全国トップのライフプランナーとして、私なら全国1位のチームを作れるはずだと、自信満々でマネジャーになりました。

ですが、現実はそう簡単なものではありませんでした。

私が最初に任されたチームは、それほどいい成績を出していたチームではなく、全国ランキングでも下から数えたほうがむしろ早いかもしれない、いわば**平凡なチーム**でした。

弱いチームのほうがやりがいがあると意気込んでいましたが、**最初の1カ月を経過してみると、チームの成果は思ったようには出てきません。**ランキングは全国でも、変わらず下から数えたほうが早い。自分がライフプランナーとしてやってきたことをモデルに、メンバーに懇切丁寧に指導したにもかかわらず、です。

翌月も、その傾向は変わらず、むしろ下降していました……。

そんな状態が半年続き、頭を抱えるようになりました。

ライフプランナーとして、全国1位の成績を残した私のやり方を余すところなく教えた。なのに**なぜ、チームの成果は伸びないのか**。こんなはずではないのにと、苦しい日々が続きました。

「このままではいけない」

そう考えた私は、**考え方を変える**ことにしました。ライフプランナー時代に信じてやってきた自分流はすべて捨てて、マネジャーとして一から出直そう。

そのために、全国のすぐれたマネジャーの分析を始めました。

これまでの経験から、売れる人と売れない人に法則があることはわかっていました。だから、**成果を出せるマネジャーと出せないマネジャーにも法則がある**はずだと思ったのです。その一心で、必死に研究しました。

分析といっても、ただ机にかじりついていたわけではありません。休日も返上し、西へ東へ日本全国のマネジャーを訪ねて、話を聞かせてもらいました。もちろん会社はそんなことのために交通費を出してくれませんから、自費です。

こうした行動の結果、**成果を上げるマネジャーと、そうではないマネジャーには明確な**

違いがあることがわかりました。そして、それは生まれ持っての才能などではなく、あとからいくらでも身につけることができるものでした。

それを実践した私は、どうなったか？

私は見事に、マネジャーとして活躍することに成功し、冒頭にお話ししたような成果を残すことができたのです。

その後も、マネジャーとして、さまざまな組織に携わり、またマネジャーの教育や研修に携わったことで、できるライフプランナーとそうでないライフプランナーの違い、さらには、できる組織とできない組織の違い、結果を出せるマネジャーと出せないマネジャーの違いが、はっきりとわかるようになりました。

◉どうすれば、成果の上がるマネジャーに変われるのか？

では、マネジャーとして一番大切なことは何か？

それは、「**応援される存在**」になることです。

そもそもマネジャーは、１人で存在することはできません。チームのメンバーがいて初めてマネジャーになれる。もっといえば、チームのメンバーが承認してくれて初めてマネジャーになれます。

このとき、チームのメンバーから「応援される存在」になれるかどうかが、マネジャーとしての成功を大きく左右します。なぜなら、**マネジャーの成功の鍵は、実はチームのメンバーが握っているから**です。

勘違いしてはいけないのは、強いマネジャーになろうとしてしまうことです。リーダーといえば、強いリーダーシップでチームをぐいぐい引っ張らなければいけない、などと考えてしまいがちです。

私も、最初はそうでした。でも、それではマネジャーとして成功できなかったのです。それより、**部下がマネジャーを応援しようという意識を持ち、自らが勝手にやるべきことをやっているのが、理想の組織、強い組織**なのです。

それを私自身、たくさんのマネジャーを研究する中で、また実体験の中で実感してきました。

私がプルデンシャル生命にいた約28年の間に、会社は飛躍的な成長を遂げました。プルデンシャル生命は、新規の保険契約では最下位から日本トップクラスになっています。契約数だけではありません。ライフプランナーの生産性（1人当たり保険手数料）や平均年収でも群を抜いています。私は後にアメリカ本社で3年間、働くことになり、いろいろなデータを調べましたが、これらは世界の保険会社の中でもトップであると確信しました。プルデンシャル生命は、どの資料をとっても他の追随をまったく許さない、世界ナンバー1の保険会社になっているのです。

こうした輝かしい会社の実績に、私がマネジャーとしてやってきたことが少なからず寄与していると自負しています。

本書は、そうした経験をベースに、リーダーシップのあり方、組織づくりやマネジメント、採用の方法、組織の立て直しについてまとめています。

「応援されるマネジャー」へと変わり、強い組織を作るためのさまざまな考え方、コツをご紹介していきます。私自身は営業のマネジャーでしたが、**営業チームを率いるリーダーのみならず、すべてのマネジャーに、きっとお役立ていただける**と思います。

世の中には、特別なリーダーシップ能力を持っている人もいます。そういう人は、その能力を使って仕事を推し進めていけばいいのだと思います。しかし、そんな人は実のところ、ほとんどいません。おそらく多くの人は、普通の人です。

しかし、普通の人がきちんと基本通りにやれば、私は誰でも成功できると思っています。

大事なことは、やるべきことをきちんとやり続けること。そして、周囲に応援されること。それが、成功を呼び寄せるのです。

読者の皆さんが、本書でお伝えした内容を実践し、人生を豊かにしてくれることを心から願っています。

マネジャーとして一番大切なこと　目次

第1章 「成果を上げるマネジャー」の条件とは？

第2章 すべての行動は「部下を第一優先」にする

第3章 部下の「人生の目標」を一緒に探す

第4章 「1対1」で何をどう話せば、部下が変わるのか？

第5章 「何気ないしぐさ」に気を配る

第6章 すぐれた人を「採用」する絶対法則

第7章 「人を育てる」ときに、大切なこと

第8章 落ちこぼれたチームはこう「再建」する

第9章 自分を「磨き続ける」

第1章

「成果を上げるマネジャー」の条件とは?

1

強いマネジャーはダメ。応援されるマネジャーになりなさい

「強烈なリーダーシップでグイグイ引っ張っていく」

「リーダーが前面に立って、前に出て行く」

日本ではリーダーというと、こうした「強いリーダー」「強いマネジャー」を真っ先にイメージするのではないでしょうか。


しかし、**強いマネジャーには弊害**もあります。

たしかに組織が小さなときは、強力なリーダーシップを発揮するリーダーが欠かせない。でも、組織がどんどん大きくなってくると、「振り向いたら誰もいなかった」なんてことが起こり得る。強いに越したことはないのかもしれませんが、**強いだけでは人はついてきません。**私はそんなマネジャーを数多く見てきました。

逆に必要になるのが、必ずしも強いわけではないマネジャーです。むしろ**部下から「私たちがしっかりして支えなければ」という意識が出てくる。そんなマネジャーです。**私はそれを「**応援されるマネジャー**」と定義しています。

応援されるのは、そのマネジャーがいつも、いかに部下に育ってもらうか、成長してもらうか、を考えているからです。早く自分以上の存在になってほしいと考える。そのために何ができるかを、常に意識しています。

成果

だから、**まわりのメンバーが自ら成長する。**自分たちから「あれをやろう」「これをやろう」と声が上がる。

これこそが、組織に本当に必要なマネジャーだと私は考えています。

私はこのことに、マネジャーになってしばらく経ってから気づきました。

プルデンシャル生命で初めて営業マネジャーになったとき、真っ先にしたことは、**まわりを見回す**こと。私は昔から、まわりをよく観察するクセがあったので、自然とそれがわかりました。

どんな所長、支社長がいるのか。どんなマネジャーがうまくいっているのか、いないのか。それを見分けようとしたのです。

ちなみに、プルデンシャルは全国に支社組織があって、各支社を統括する支社長と、支社に所属するチームを率いる営業所長が数名いて、それぞれがマネジャーとしてライフプランナーを指揮しています。実に多くのマネジャーが日々、チームの強化に奔走していました。

私が営業マネジャーになった当時のプルデンシャル生命は、まだ創業から3年目。新しい挑戦をしようと、一流企業から意を決して転身してきた人も少なくありませんでしたから、独特の個性的なキャラクターを持った人がたくさんいました。

営業マネジャーにしても、それこそ強いマネジャーから、「この人はリーダーとして大丈夫なのか」と思ってしまうような弱々しいマネジャーまで、いろんな人がいたのです。

それぞれみんないいところがありましたが、よく観察すると、「ああ、なるほど、こういうところがポジティブに働いているのか」「こういうところが、ネガティブになるんだな」というところも見えてきました。

印象に残ったのは、**グイグイと自ら引っ張る強いマネジャーがあるタイミングで限界に達するのに対し、弱々しいマネジャーが思った以上にうまくいっている**という事実でした。

必要以上に前に出ない。でしゃばらない。威張らないし、偉そうにしない。こうしたマネジャーのほうが、長期的に結果を出していたのです。

当時のプルデンシャル生命の社長、坂口陽史《さかぐちきよふみ》さんもその1人でした。

この人が先頭に立っていたからこそ、プルデンシャルは日本でトップレベルの生命保険会社になれた。私は心からそう思っているのですが、そんな彼も、強いリーダーシップで、すべてを自分の思い通りに動かす、ということは決してしませんでした。

代わりにやったことは、**一方的に部下を信頼する**ことでした。どんどん任せていく。そして、一度任せたら疑わない。

これは坂口さん自身が、高校を卒業後、単身アメリカに渡り、いろいろな苦労を乗り越えて、一歩一歩、前に進んで成功していった、ということが大きかったと思います。いろいろな人に信頼してもらい、自身が成長できた。信頼されることの大切さを知っていたのだと思います。

また、苦労して自身が弱い立場にいたからこそ、うまくいかなくなったりして辛い思いをしている人の気持ちがわかった。人はどうすればやる気が出るのか、ということも理解していたのです。

苦労なく、いきなり上に引っ張り上げられてトップに据えられたりしたら、こういうことはわからない。部下は自分の駒だ、オレの思い通りに動けばいいんだ、くらいに思ってしまいがちです。

しかし、坂口さんは違ったのです。**信頼し、期待すると、人間は必ず応えてくれる。**だから、部下に全幅の信頼を置いて任せた。すると、部下がそれに応えてくれる。

もし逆に、**部下を疑うと、どうなるか。**

上司も部下から疑われます。

こうした本質を、坂口さんは自身の経験からつかんでいたのだと思います。

目指すべきは、「強いマネジャー」ではなく「応援されるマネジャー」です。

強いだけのマネジャーになっても意味がない。それは、単に強がっているだけだから。実は周囲からは、そう見えるのです。小型犬がよく吠えるのと同じです。本当は弱いから強がっているだけ。本当に強い人は、そんなことはしない。強く見せる必要など、ないのです。

2 何があっても、部下のことだけ考える

海外を含めてさまざまなマネジャーを観察して、うまくいっている人、応援されるマネジャーには、いくつかの共通点があることがわかりました。

成果

「部下の気持ちがわかる」

「相手に合わせられる」

「雰囲気が読める」

「相手の気持ちを高められる」

端的に言えば、**目線が部下に向いている**のです。こうしたマネジャーが結果を出していましたし、私自身もライフプランナー時代、そうした営業マネジャーの下にいたからこそ結果を出すことができたのだと思います。


それがよくわかるのが、朝のミーティングです。

プルデンシャル生命では、週に2回、月曜日と木曜日に朝のミーティングが設けられていました。ここでマネジャーが必ず話をすることになっています。そのときに、**マネジャーがどんな話をするか、そこに如実に表れていました。**

中には、**ひたすら業務の指示を出すマネジャー**がいます。

「先週の結果はなんだ。もっと電話をかけてアポイントを取らないといけないぞ」

「見込み客リストの提出はどうなってる。早く出さないとダメじゃないか」

「もっと売り上げを上げろ」

いい上司、悪い上司

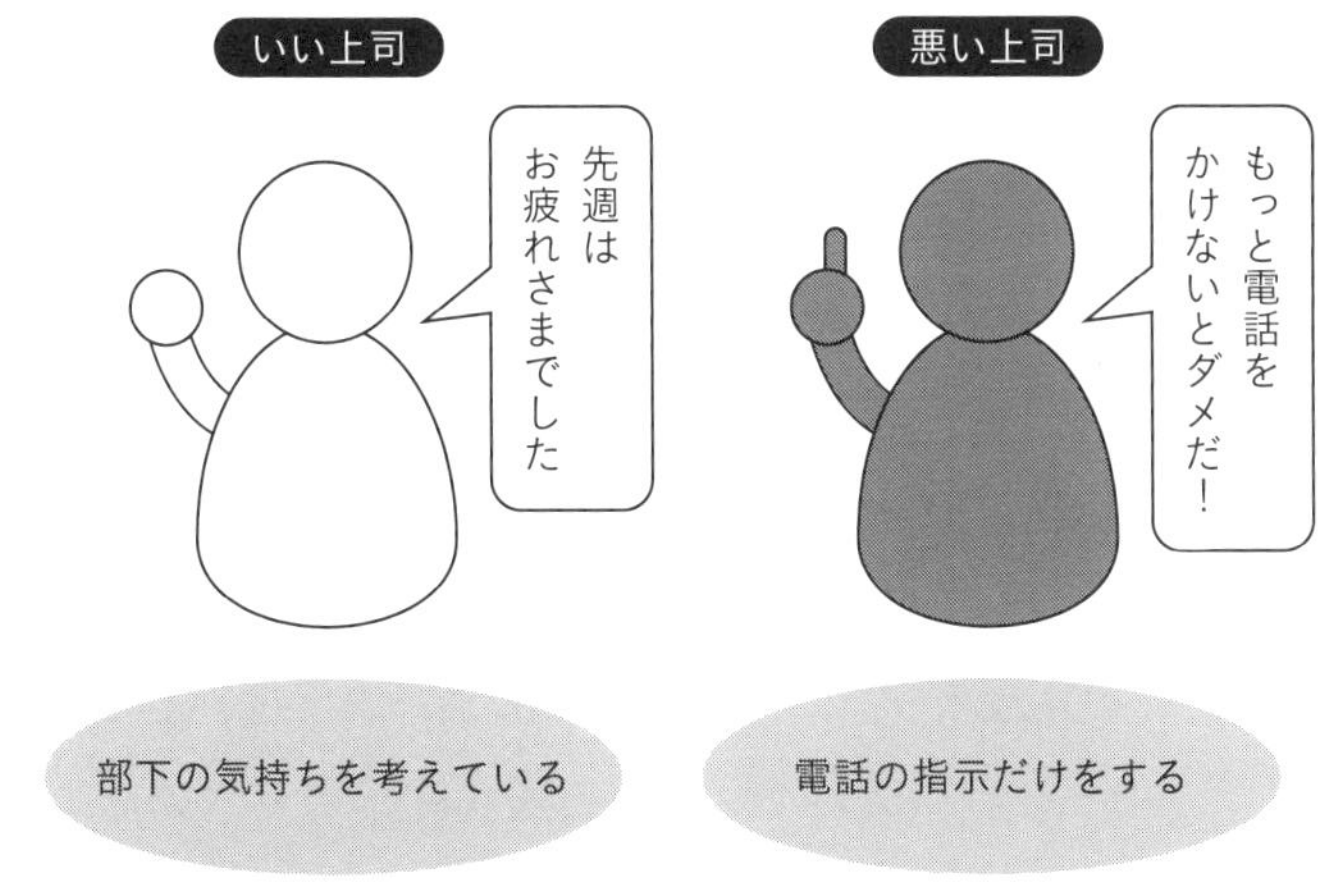
いい上司
先週はお疲れさまでした
部下の気持ちを考えている
悪い上司
もっと電話をかけないとダメだ！
電話の指示だけをする

一方で、**そういう話はまったくしないマネジャー**もいます。

「みなさん、先週もお疲れさまでした。今日からまた新たな1週間が始まりました。一緒に頑張りましょう。私もみなさん以上に頑張ります」

「週末、テレビでこんな話を聞きました。これはぜひ商談の場でも活かせると思います」

「先週は○○さんがとても頑張りました。こんなふうにして、こんなトークで成功したそうです」

さて、どちらのマネジャーの話が、メンバーから支持されるでしょうか。

言うまでもなく、後者です。

ミーティングでは、メンバーはマネジャー

をよく見ています。**何を言うかも、実はチェックしている。**そこから、マネジャーがどういう人間か、よくわかるからです。上司はよく勘違いをするのですが、メンバーはとても賢いのです。

「そんなことは、言われなくたって、わかっている！」

とメンバーに思われるような話をしても、何の意味もないのです。その場では「はい」とは言うかもしれませんが、実際には思っていない。

偉そうなことを言っていますが、かつての私もまさにそんな話をしていました。でも、まわりのマネジャーを観察して、**それではダメだと気づいた**のです。

ミーティングが終わった後、メンバー同士が集まって、そんな上司にどんな噂話をしているか、十分に想像がつきます。

ところが、こういうことを平気で言ってしまうマネジャーは、そのことがわからない。そのことに気づけない。

「あの人が言っていたことは正しいから、私も頑張ろう！」

なんて思うわけがないのです。

ですが、それをやってしまっているマネジャーが、私が観察したところでは8割以上でした。本当に、そういうマネジャーが多いのです。

しかも「上から言われたから」「オレが困る」という空気を漂わせる上司が多い。つまり、部下ではなく、自分の上司を見ている。**仕事に向かう「矢印」が部下ではなく、上司に向いてしまっている。**自分のことを認めてくれる人、自分のボーナスを上げてくれる人、自分の地位を高めてくれる人に向いている。

それを部下はしっかり見ているのです。

だから、部下はこう思ってしまう。

「どうして、そんなお前のために、自分たちがやらないといけないんだ」

これでは、応援されるどころではありません。

ところが、そういう構図を作ってしまっているマネジャーは少なくないのです。

しかも優秀な部下ほど、「誰がお前のために頑張るか」と思っている。上司はそれに気づかなければなりません。

逆に、**「この人のために」と言われる上司は、必ず矢印が部下を向いています。**だからこそ、部下は上司を応援し、実力以上の力を発揮するのです。

たとえば、イチロー選手のように、アメリカに行こうが、どのチームに行こうが、周囲に関係なくヒットを打って活躍できるという人がいるのも事実です。どんな環境でも、自

成果

己実現のためにまっすぐ走り続けられる人。しかし、こういう人は、本当に数少ない。私も数多くのチームを見てきましたが、100人に1人いればいいほうです。

ほとんどの人は、何かモチベーションが必要なのです。

そんなときに、「オレのためにやってくれ」などと言われると、本当にやる気を失ってしまう。

でも、「あの人は自分たちのために頑張ってくれている」ということになれば、それに応えたい、あの人が喜んでくれるなら頑張ろう、ということになっていきます。

ただし、表面的に「部下のため」と言ってはいけません。それは部下にはわかってしまいます。

それより本気で部下のことを考えることです。部下の気持ちを理解しようとすること。何も言わなくても、マネジャーの本気の姿勢は部下に伝わります。

そのためには、常に「自分がどこに向いているか」を見つめ直すことです。本当に自分はチームのメンバーに向いているか。いつも疑っておかないといけない。人間は決して強くないからです。

3 マネジャーの「視野の広さ」で「部下の伸びしろ」が決まる

できるマネジャーかどうかは、仕事以外の時間に何をしていたかで決まる。私はよくそう思います。

仕事というのは、ダラダラやろうと思ったら、いくらでもダラダラできます。しかし本当にやらないといけない仕事というのは、そんなにはないのです。それだけを、まずはきちっと片付ける。

そして、**それ以外の時間に何をしているか**、が大事になってきます。**考える時間を持ったり、余裕のある時間を持つ。このときに、会社とは違う人に会ったり、人の話を聞いたり、人脈を作りに行ったり、時にはちょっと遊びに行ってみたりする。**

狭い井戸の中で生きていたら、やはりいい仕事はできません。情報も入ってきませんし、

成果

ミーティングで話すこともなくなる。

部下がうまくいかなくなるのは、視野が狭くなってくるときです。そんなときに、マネジャーまでずっと会社にいて、外からの情報がまったく入ってこない、世の中で何が起きているのかもわかっていないような状況を作ってしまったらどうなるか。

どうしても会社人間になってしまいます。みんな忙しいし、やらないといけないこともあるし、居心地はいいし、と社内に居ついてしまう。そうすると、組織そのものがどんどん内向きになってしまいます。

だから、私は外に出て行くようにしています。空いた時間に外の世界に出て行く。他の世界の人に会ってくる。それが、内向きになった組織の視野を外に向けていくのです。

私はまた、**話題になっているものは、必ずチェックする**ようにしています。雑誌も読むし、ベストセラーの書籍も読む。テレビも、視聴率が高いものは見ておく。また、『プロフェッショナル　仕事の流儀』『ガイアの夜明け』など、ビジネスドキュメンタリーもチェックする。

まったく違う業界の人たちに会えるような場にもよく顔を出しました。勉強会やセミナー、ちょっと挨拶に来てほしいと呼ばれる場。頼まれたり、誘われたりしたら必ず行く。

挨拶だけで名刺交換だけのこともありますが、それでもつながりを作ることができます。後でお礼状を書いて連絡をする。食事の場で一緒になって、意気投合したりすることもあります。

一方で、業界の中で他社と交流する場面もありますから、そういうところにも積極的に顔を出していました。人脈もできますし、何かしら得るものがあるものです。

そういうところから、**ずっと会社の中にいたのでは、見えてこないものが見えてくる。**それを、**社内に発信していく**のです。新しい情報、新しい技術、新しいトレンド……。持ち帰った情報を社内で発信するときは、できるだけ情報だけに終わらないように気をつけていました。その情報をもとにすると、どんなふうに使えるか、たとえば、お客さまとの商談にこんなふうに語れるのではないか、といったところまで落とし込んで話をしていました。

点の話で終わらせるのではなく、次につながる話にしていく。自分にどう活きるのか、具体的に自分の中に落とし込めるように話をしていく。そういうアウトプットをしていくことが、マネジャーには求められます。

成果

4 マネジャーが誰よりも集中して働けているか？

「マネジャーはメンバー以上に頑張らないといけない」

これは、私のマネジャーとしての思いです。

プルデンシャル生命の韓国法人の立て直しが終わった後、日本に戻ってきた私は**新しい支社の立ち上げ**を任されました。それが、新宿支社でした。

まったくのゼロからのスタートで、私は採用の準備を進めていたのですが、突然、状況が変わりました。他の支社から、10人のメンバーを引き受けることになったのです。

ゼロからスタートの予定が、いきなり10人。しかも、他の支社から送り出されてきたのですが、残念ながら好成績のメンバーばかりとは言えませんでした。

私は自分のチームを作るつもりでいました。こんなチームを作ろうとイメージができていました。しかし、思いも寄らない形でメンバーを抱えてしまった。いずれにしても、**自分のチームを作るには、新たに採用しないといけない**と思いました。

10人すでにいるわけですから、新たに10人を採用しようと考えました。しかも、できるだけ早く。でも、**これは並大抵のことではありません。**まずはたくさんの人に会わないといけないし、そこからいい人だけに絞り込まないといけない。

苦労の末、10人を採用し20人になると、雰囲気が一変しました。新たに採用した10人が、猛烈に頑張ったのです。どんどん成績を上げていく。それをすぐ隣で見ていたのが、もといた10人でした。彼らは大いに刺激を受けて、大変な成績を上げてくれました。

合わせて20人、びっくりするくらい売ってくれて、これは支社としてのチャンピオンになれるかもしれない、と思いました。ところが、**さらに別の支社から10人が送り込まれてくることになりました。**なんで、このタイミングでと頭を抱えましたが、決まったことだから仕方がありません。

こうなると、また空気が変わります。頑張っていた20人に、残念ながらそうでもなかった10人が加わった。これではいけない、自分のチームにならない、と私はまた10人を採用しました。最終的に43人になりました。**100人に会って1人採用するかどうかの世界で**

成果

すから、今考えても当時の私の活動量はとんでもないものでした。

新しく加わった10人は、当初とても戸惑っていました。のんびりやっていたところから、いきなりチャンピオンを目指すような支社に来てしまったのです。

実際、毎月の申込み件数の推移を見ると、「0件」「1件」「0件」と並んでいます。これが普通だったのかもしれません。

ところが新宿に来ると、まわりの毎週の申込み件数は、「5件」「10件」なんて数字が当たり前のように出てくるわけです。意欲の高い新人に至っては「20件」なんて数字が出る。

こんな中で、「先週は0件でした」なんてことは言えないわけです。

しかし、結果に対して私は何も言いません。もちろん売ってこいとかも言わない。さらに言えば、採用で忙しかったので、彼らには研修もしませんでした。

そうすると、**彼らは変わり始めた**のでした。一つは、うまくいっている同僚たちのやり方がわかってきたこと。やるべきことをちゃんとやれば、数字は出る、ということに気づき始めるのです。**環境が彼らを変えた**わけです。

ちなみに仙台支社では、同じく環境から変えようと、赴任早々に支社内のすべての物品を捨ててもらいました。ファイルから文房具まで片っ端から。すぐに捨てられないという人には1週間の猶予を設け、それでも捨てられなかった物は容赦なく捨てました。ですが、それだけで支社内の空気が一変したことを今でも強く覚えています。

新宿支社がうまくいったのは、彼らの頑張りによるところが大きいと思いますが、それだけでなく、**私自身が猛烈に働いていた**ことも大きかったと思います。自分で言うのもなんですが、本当によく働いていました。採用もやらなければいけません。誰よりも働いていました。

もしかすると、それまでの支社長は、支社長室にこもって何をしているのか、わからないような人だったのかもしれません。しかし、私は絶えずオフィスの中をウロチョロしているのです。だから、どんどん相談を受ける。もちろん営業同行もしますし、ロールプレイの相手もします。私自身が、懸命に汗水垂らして働いていたのです。

こうなったら、**彼らは言い訳できません。なぜなら、私自身が働いているから**です。

部下は上司を本当によく見ています。**誰よりも働いている上司に対して、不快な気持ちを持つ部下はいません。**長時間労働をしなさい、ということではありません。誰よりも一生懸命、真面目に働く。それは部下に大きな影響を与えるのです。

そして、メンバーのおかげで新しくできた新宿支社は、この年、全国2位になりました。

成果

生産性（1人当たり売上）は全国1位でした。

5 うまくいっているマネジャーの「真似」をしろ

私の好きな言葉に、こんな言葉があります。

「ビートルズも最初はコピーバンドだった」

ものすごくコピーが上手なバンドだった、そうです。

お手本や成功している人は、たくさんいますが、**どんな人でも、まずは真似から入っているということではないでしょうか。**

まずは真似から入る。しかも、そのまま真似するのです。そのうち、だんだん自分のものになっていく。**最初は、まるごとコピーでいい**のです。

私のライフプランナーとしてのキャリアも、真似から始まりました。

最初にプルデンシャル生命の営業マネジャーになったとき、周囲のマネジャーを観察した、という話はすでに書きました。うまくいっている人も、そうでない人も、とにかくいつも客観的に見るようにしていました。

しかし、間近の人だけを見ていても発見は多くありません。そこで私は、**遠隔地にいるトップマネジャーに会いに行きました。**

ライフプランナーの全国1位がチャンピオンと呼ばれているのですが、営業マネジャーにも組織を率いて大変な数字を上げているチャンピオンがいました。彼らに会いに行ったのです。

当時、私が営業マネジャーを務めていたのは、広島でした。ここから、東京はじめ、いろいろな場所のマネジャーに会いに行きました。

実際にお会いした方々に、「マネジャーになって困っていること」「よくわからないこと」など、質問をどんどんぶつけました。営業マネジャーの大切な仕事にライフプランナーの採用がありましたが、ある支社長に会いに行ったときには、会社説明会を部屋の隅で聞かせてもらったりもしました。

成果

同じことをしている人は他にはいませんでした。でも、いなかったから価値があった。人と同じことをしても、結果は同じです。

誰もやっていないことをやらないと、みんなと違う場所には行けない。みんなと同じことをやっていたら、みんなと同じ。みんなと同じということは、成功しない、ということです。

先輩マネジャーにすれば、私はライバルにもなり得るわけですが、いろいろ教えてくれました。後に「あいつはオレが育てた」と、たくさんの人に言われました。

話を聞いて感じたのは、**うまくいっているマネジャーは、やはりよく考えている**、ということです。そして、たくさん勉強しているし、準備もしていました。

たくさん刺激をもらいましたし、**真似をしたいと思ったことは、すぐに真似しました。**先輩マネジャーはそれで1番になっているのです。真似れば、そうなれる可能性が高い。

採用、育成に関する貴重な資料も、コピーさせてもらったり、徹底的にメモしたり。これもまた、すぐに応用しました。

こうして、優秀な先輩マネジャーの真似をすることで、私はマネジャーとしての基礎力を身につけ、たくさんのチームを成功に導くことができた。すべては先輩からの親身な指導のおかげです。

6 人間関係は大切にしなくていい

かつて上司だった人が部下になってしまった。あるいは年上の人を部下に持ってしまった。こんな場合はどうすればいいか、というのも、よく聞く話です。

ただ、ポジションや配属は会社が決めたことです。

みんなが本当に気持ち良く仕事をするために、誰が必要なのか。**どの人が、どんな仕事をやるべきか**、という話でしかない、ということです。

その人が嫌いだから、会社がそういうポジションにしている、というわけではまったくない。それは、役割なのです。

とにかくマネジャーが考えなければならないのは、目の前の組織を本当にいい組織にし

成果

ていくことです。営業であれば、みんなが売れて、みんなが幸せになれる組織を作らないといけない。それこそが、重要なのです。

そのためにマネジャーがやらなければいけないのは、**かつての上司であったにせよ、年上の部下にせよ、しっかり本音をぶつけていく**ことです。

何のために、自分の仕事はあるのか。どんなふうにしていきたいのか。どんなふうにしてもらいたいのか。それをお互いにしっかり語り合う。

正式にこういう場を設ける組織はあまりありません。でも、マネジャーがそれを語り合う時間を設けないといけない。話し合う時間をきちんと作らないといけない。憶測で動いてはいけないのです。

たとえば、グループで富士山に登ろうというときには、どのルートから登るかをまず考えると思います。吉田口から登るのか、御殿場口から登るのか。グループでの行動ですから、誰か1人が勝手な行動をしてはいけません。吉田口から登ると決めたなら、全員がそこから登らないといけない。

ところが、当日になって突然こんなことを言う人が必ずいます。

「今日は気分が向かないので、御殿場口から登ることにしました」

もしグループの中に、1人でもそういう人がいたとしたら、必ずそのグループは崩壊するか、目標達成に失敗してしまいます。何か事故や手違いがあったときに、こういうグループは弱いのです。

これは、会社組織にもいえることで、ミーティングでみんなで決めたことに対して後から、「あのときから、おかしいと思っていたから今、改めて言うけど」と発言する人がいます。でも、私はそうした発言は絶対に認めませんでした。

話し合いでは必ず「後で言ったはなしね」と言って、言いたいことがあるなら、すべてその場で話してもらうことを鉄則にしていました。

後からいくらでも付け足していいということになると、話し合いの意味がなくなりますし、組織の結束が脆くなる一方です。

中途半端に人間関係を大切にしようとすると、大事なことが言えなくなるのです。

何より人間関係が大事で、無難に、あまり波風立てず、お互い言いたいことを言わず、なんとなく時が解決するのではないか、なんてことを考えているうちに、組織はどんどんおかしくなっていきます。

組織で一つの目標を達成するには、みんなが同じ方向を向く必要があります。その方向づけをするのも、マネジャーの大切な仕事です。

7 取締役になれるマネジャー、課長止まりのマネジャー

私が入社したとき300人ほどだったプルデンシャル生命は、今や6000人規模の会社になりました。このうち、ライフプランナーは4000人ほどになります。

そしてグループ各社を加えると**2万5000人規模**になりました。今や日本の生命保険業界の中でも、大きな存在感を持つまでになっています。

これだけの組織になった背景の一つには、間違いなくマネジャーの存在があったと私は感じています。**マネジャーが力を大いに発揮し、組織の拡大に貢献した**のです。

プルデンシャルでは、マネジャーになったら最初に2週間、集中的に行う新任研修があ

ります。また、現場に出てからも、数カ月おきに呼び戻して、研修を繰り返していきます。2年間は、基礎トレーニング期間という名の修行期間です。

ライフプランナーを採用し育成するわけですから、マネジャー自身がライフプランナー経験を持っているのも、特徴です。2、3年経験し、その上で管理職になり、研修を繰り返しながらマネジャーとしての実績を積んでいきます。

ライフプランナーはフルコミッションの仕事ですが、マネジャーの収入も営業所の業績に応じて変動していきます。組織を育て、人を育てることは、そのままマネジャーの報酬にも反映されていきます。

採用が順調で育成も順調にできるようになり、一定の基準をクリアすると、本部長の面接を受けて支社長への道が待っています。

現在は120の支社があります。支社は会社の意向で増えるわけではなく、支社長になれる人材が育てば支社が生まれます。組織志向ではなく、人志向。人が育てば、支社ができる仕組みです。

昇進にあたっては、外部の適性検査も受けますが、成功の要因をデータで分析しつつ、言語能力と論理的能力を見るようにしていました。端的に言えば、国語能力と算数能力です。

マネジャーの場合、言語能力が論理的能力より少し勝るくらいがベストだと考えています。もちろん両方低いのは問題外ですが、この傾向はデータでも明らかです。言語能力が高いと、感受性、現場能力に優れ、人に伝える力が高くなります。要するに、マネジメント能力が高いということです。

逆に論理的能力が高すぎると、物事は論理だけでは決まらない、という壁に直面します。とことん理詰めで展開されても、人間はそうそう動きたくなるものではない。ましてや、応援したい、とはなかなか思われない。それでは人は動かないのです。「あの人は冷たい」「あいつの下では頑張りたくない」と思われてしまう。

人間は論理で理解しても納得しない。理屈では物事は決まりません。**最後はやはり感情で決まる。**最終的には、好き嫌いなのです。それを理解しておかないといけない。

これは私の感覚的なものではなく、実際に私が集めたデータでそう出ています。マネジャーがいかに論理を用いても、最後は感情に落ち着くのです。そして、そうした人のほうが、成果を上げ、上の立場へと登っていくのです。

第2章

すべての行動は「部下を第一優先」にする

8 やっかいな問題から逃げるな。それを「第一優先」にしろ

やるべきことの順番を間違えてしまうマネジャーは少なくありません。すべての仕事は、目指すべきゴールに向かって進んでいます。目標に到達するためにやるべきこと、自分でなければならないことから先にやらなければなりません。

ところが、やりやすいところから手をつけてしまう。**やるべきことではなく、やりたいことから手をつけてしまう人が多い。**これは、日本の教育が悪かったのではないかと思っています。

試験の問題を解くとき、やさしい問題から先にやりなさい、得意なところからやりなさい、と教わるからです。たしかに試験のときは、時間が定められていますから、できる問

題からどんどんやっていって、正解が出せそうにないものは後回しにしてもいい。そうすることで、点数を稼ぐことができるかもしれません。

しかし、仕事はそうではないのです。仕事は、試験とは違う。むしろ、逆でなければいけない。

難しいやっかいな問題こそ、先に取り組まなければいけないのです。

私は再建を任された仙台支社に赴任したとき、一番やりたくないことからやりました。それは**「売れない人を売れる人に変える」というミッション**です。

売れる人を伸ばし、売れない人をそのまま放っておくのは簡単です。でも、それでは、仙台支社の支社長は務まりませんでした。そして、詳しくは後述しますが、それまで全国最下位だった仙台支社でしたが、売れない人を売れる人に変えたことで、みるみるうちに組織全体の成績も上がっていき、見事、仙台支社は復活しました。

売れない人を伸ばそうとするのはものすごくエネルギーが要ります。

でも、そもそも支社全体が落ち込んでいたので、売れない人を売れる人に変えるしか、再建の道筋はなかったのです。だから、まずそこから着手しました。

優先順位

難しい問題は、できれば近づきたくないものです。やりたくないし、踏み込みたくない。しかし、**一番難しい問題を片付けると、それに付随した問題まで、一気に消えてしまう**ことも少なくありません。

難しいし、ややこしいし、時間もかかるし、とためらっていると、事態はますます悪化していってしまう。人間ですから、やりたくない気持ちはわかりますが、マネジャーはやらないといけない。そこにこそ、踏み込まないといけないのです。

特に、新しいチームを率いることになったときは、なおさらです。入ったばかりだから後にしておこう、まずはやれることからやっていこう、などという姿勢を持っていると、これは部下もしっかり見ています。

今度のマネジャーは、一番難しい問題から逃げようとしている、と思われても仕方がありません。特に課題を抱えた組織を率いることになったときには、真っ先に難しい問題に挑まないといけません。

難しい問題から逃げようとしているマネジャーと、逃げずに難しい問題に挑もうとしているマネジャー、どちらをチームのメンバーは応援したいと考えるか。それは、明白だと思います。

9

部下の問いかけには、「その場」で即答する

優先順位

難しい問題に一番に対応しなくてはいけない、とお話ししました。それと同じくらい優先してやらなければいけないことがあります。

それは、部下から直接、声をかけられて相談されること、問われたことへの対処です。私はどんなにやさしい問題、小さな問題だったとしても、**その場で最優先で対応する**ようにしていました。

すぐれたマネジャーの共通項に、「**相談されるマネジャー**」があると私は思っています。自分のことばかり考えているマネジャーには、相談しにくいですし、誰も相談しようとはしないでしょう。しかし、部下に向き合っているマネジャーには声をかけやすいのです。

そうすると、部下は悩みや課題を解決しやすくなる。結果につながっていく。チームはうまくいく、という流れができてくるのです。

そのためにも、メンバーが声をかけやすい環境を私は作っていました。たとえば、**いつもフロアをウロウロしている**ことです。ずっと席に仏頂面で座っていたら、なかなかメンバーは声をかけにくい。

支社長には、支社長室が用意されるのですが、そこには極力いないようにしていました。たいてい支社長はその部屋にこもっているのですが、すると当然、メンバーとの距離は遠くなり、コミュニケーションは減ってしまいます。そうなると、メンバーは勝手に上司の心中を想像し、自分のことを嫌っているのかもしれない、期待されていないのかもしれないと思ってしまう。相談にも来なくなる。

だから、そうならないように、**自分の席にずっと居座るのではなく、フロアを歩き回る**ようにしていました。それが、自分はみんなに関心がある、みんなに期待していますよ、というサインにつながります。

何か相談されたときには、必ず「そうか」と話に興味を示し、まずは聞く。絶対にやらないようにしていたのは、「ちょっと待って、今は忙しいから。後で来るから」という返答です。

これは部下にとっては相談しにくい印象を作るだけではありません。往々にして声をかけられたことを忘れてしまう。人間は忘れる生き物です。絶対に忘れてしまう、と思ったほうがいい。

だから、**「後から」という言葉を使わない。**その場で対応する。ミーティングに多少、遅れてもいい。相談を持ちかけてくれた部下の声に耳を傾ける。直接、アドバイスする。

もし、声をかけたのに忘れられてしまったら、部下はもう相談には来ません。自分のことなんて見ていないんだ、と思い込みます。マネジャーは忙しいし、相談したら申し訳ないし、相談しようとしても取り合ってくれないし、ということになる。

どんどん部下は離れていってしまうのです。当然、部下からの情報が入ってこなくなる。現場で起きていることがわからなくなる。必要な対応が取れない。こんなマネジャーが成功できるはずがありません。

みんなの成功のためにマネジャーはいる。みんなに関心を持っている。そういう姿勢をきちんと示すためにも、フロアをウロウロして、声をかけられたら、その場で対応するのです。


絶対にやってはいけないのは、偉そうにすることです。「オレはマネジャーだ」「忙しいんだ」「簡単に話しかけるな」。こんな雰囲気を出してしまったら、あっという間に裸の王様です。強いだけのマネジャーのリスクは、こういうところにもあります。

部下が近づいてこないマネジャーは、結局、自分が困ることになるのです。

10

「一緒に悩んでくれる人」を部下は求めている

部下にとってマネジャーとは、どういう存在であるべきか。とてもシンプルだと思います。一緒に苦しんで悩んで、喜んでくれる人です。

最初からすぐにうまくいく人などいません。いいことばかりが起きるわけでもない。待っているのは、苦しみであり、悩みであり、辛さです。

そういうときに、**上からの目線ではなく、同じところまできちんと降りてきて、一緒に苦しみ、悩み、考えてくれる。**そんなマネジャーを部下は求めているのです。

そうやってマネジャーが一緒に苦しみや辛さを共有したときに、部下はその苦しみや辛さが何分の一か、減っていきます。そして、それを乗り越えて何かを達成したときには、1人だけで達成することができたときの何倍も、それこそ5倍や10倍の喜びを得ることが

優先順位

できるのです。

実際、達成の喜びは1人よりも2人、2人よりも3人で乗り越えたほうが大きくなります。たとえばマネジャーと、マネジャーの上司と。それは、1人以上の喜びになります。こういうことができるマネジャーが、やはり一番、必要とされています。

そしてマネジャーも、部下の苦しみや悩み、辛さを知っていれば、一緒に喜ぶことができます。それを乗り越えていってうまくいったときは、自分個人の成功以上にうれしいものです。

私自身、**マネジャーの道に進んだのは、自分が味わったのと同じ感動をメンバーにも味わってほしい、メンバーを表彰台の上に立たせたい、という思いがあったからでもあります。**

ただ、ここに辿り着くのは、もちろん簡単なことではない。その覚悟を、自分自身も、メンバーにも持ってもらわないといけなかった。しかし、実際にそれが達成できたときの喜びは、本当に大きなものでした。

育てたメンバーが表彰式の舞台の上で涙を流している。どうして泣いているのか、私にはわかるわけです。ああ、あの苦しみを乗り越えたから、涙を流しているんだ、とわかる。

あのときの涙なのだな、と。

ああ感動しているんだな、と単に思うのとはまるで違うのです。苦しみや辛さを共有しているからこそ、その涙に心から共感できる。

そして、メンバーも喜んでくれる。握手して抱き合うのも、気持ちが違う。それだけ、成功の喜びは大きくなるのです。

だからマネジャーは、メンバーが成功するために尽くす。それが、マネジャーの使命であり、存在意義です。

11 「顔の右側」を部下に向けない。「顔の左側」を向けろ

優先順位

部下とコミュニケーションするときには、自分がどう見られているか、ということに注

意をしなければいけません。とりわけ表情です。自分の表情がもたらしているものについて、知っておく必要があります。

表情の持つ力について興味深く読んだのは、能・狂言についての雑誌の記事でした。長く続いている伝統文化には、ハッとするような考え方が密かに込められていたりするものですが、この記事を読んだときも、なるほどそうだったんだ、と驚かされたのでした。

能では、演者が面をつけていますが、あの面は左右対称ではないのです。**右と左で表情が違っている。**

能の舞台では、演者は必ず下手《しもて》（客席から見て左側）から出てきます。これは、決まっているのだそうです。そうすると、面の右側しか見えません。

この右側の面は、必ず目がつり上がっています。何か問題が起きているからです。それを解決しなければいけない状況にある、ということを表情で表すために、面の右側はそんなふうに作られているのです。

右の面を観客席に見せて、下手から出てきた演者ですが、舞台は進んで、物事が解決されていきます。これで、もう安心です。

ということで、下手の袖に戻っていく。そうすると、お面の左側が観客に見えるようになります。

能面は左側と右側で微妙に違う

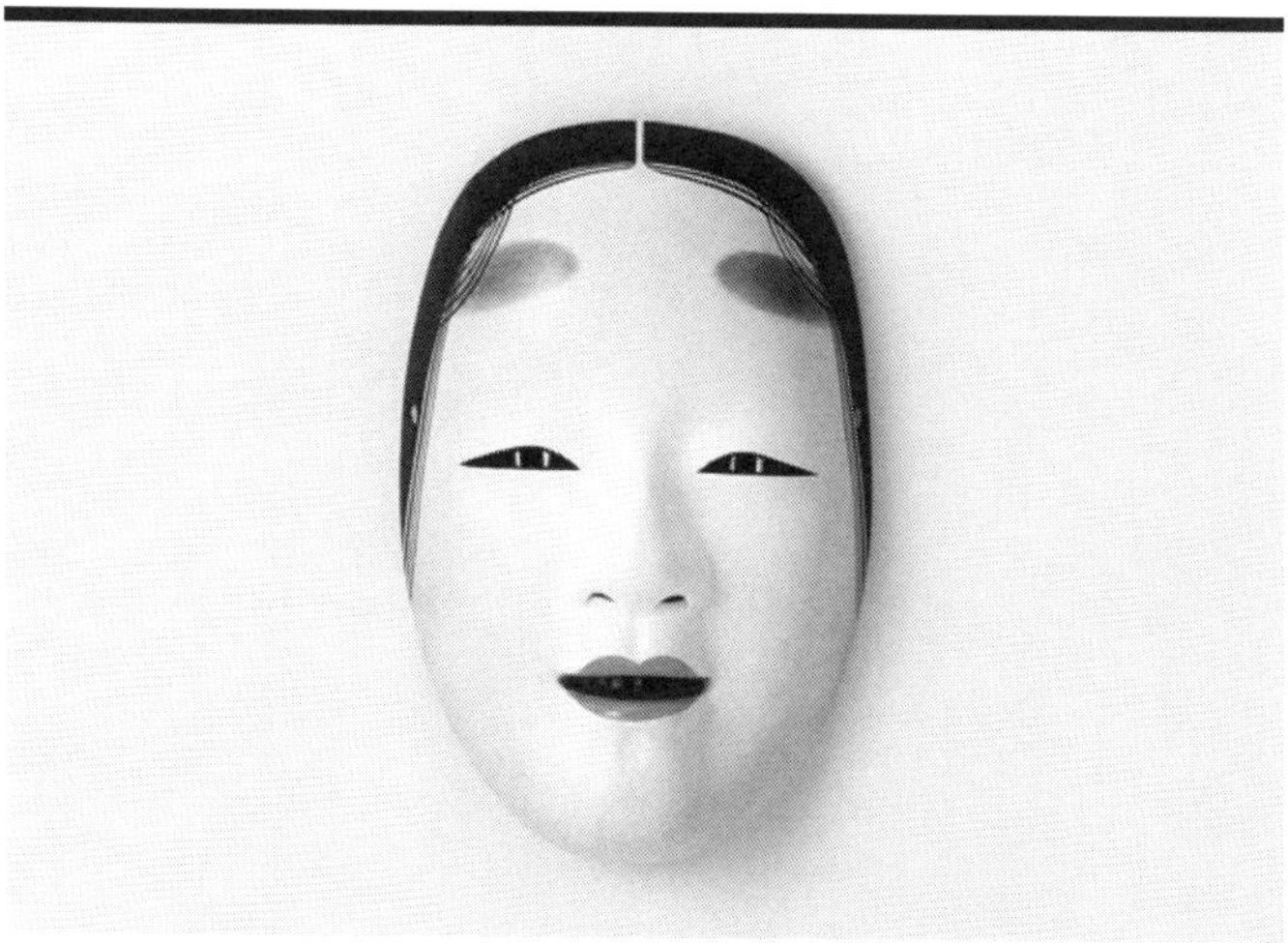

左側の面は、右側の面と違って、目がつり上がっていません。ホッとした安堵の表情になっている。問題が解決したわけですから、安心して戻っていくのにふさわしい表情になっていく、というわけです。

実は人間の顔というのも、そもそも左右対称にできているわけではないのだそうです。右と左で微妙に違う。

そして、約8割の人が能面と同じように、右側が少し目がつり上がっていて、左側はちょっと下がっているのです。

私はライフプランナーの研修をするとき、2人ペアになってもらって向き合い、お互いにどちらの目がつり上がっているか、チェックし合ってください、という時間をいつも作っていました。本人には、なかなかわからないからです。

実際にどんな割合で、右が上がっているのか、当時データを取っていましたが、おおよそ8割の人が右が少し上がっていて、左が少し下がっていました。

要するに、**右側の表情を見せるときと、左側の表情を見せるときとでは、相手の印象が変わる**、ということです。

お客さまと商談するときや、メンバーと話をするときには、柔和な側の顔を見せていったほうがいいでしょう。正面よりもちょっと左側を見せるようなイメージにしておく。

一方で、「ここでお客さまに決めてもらわないといけない」といったときには、やさしい顔だけしていてはいけないので、正面からちょっと右を向けて「決めましょう」と伝える。

メンバーとの面談のときにも、**柔和に入るときと、緊張感が求められるときと、顔を向ける方向を少し変える。**

こんなふうに、顔の表情を使い分けられる、ということを知ったのでした。

印象づくりに表情はとても大事です。笑顔で柔和に入るのは基本。そのときに、自分の顔のどちらが柔和なのか、知っておくことは大いに意味があると思います。

さらに、マネジャーは表情だけではなく、服装から髪型までのトータルの印象に気を配らないといけないのは言うまでもありません。

12

「情報の受け渡し」ではなく、「自分の言葉」で語れ

優先順位

「マネジャーとして結果を出すために、何か特別なことをしているのですか」
と聞かれることがあります。私は「**特別なことはできない**」と答えています。というのも、特別なことをすると、続かないからです。

ただ、ヒントはいつも追い求めていました。たとえば、何か心理学などを応用した特殊技能を使って一時的に鼓舞する。そういう手法があるのは、知っていましたから、セミナーやコーチングスクールなどに積極的に行くようにしていました。

聞いた話を、そのまま流すことはしません。そこから何か盗むことができないか、みんなのために何か使えることはないか、一度、考えるのです。

モチベーションをアップさせるためのセミナーにもかなり行きました。

そのときは特別な瞬間が訪れて、大いにやる気になるのが、こうしたセミナーです。まわりでは、みんな感動して泣いていたりする。やっと自分たちもやる気が出た、と興奮している。しかし、これも3日経ったら忘れてしまいます。たいていの人はこんな感じではないでしょうか。

率直な感想を申し上げると、私のモチベーションアップには役に立ちませんでした。私はAB型ですので、とても冷静に見ていました。そもそも巻き込まれない。

来ている人たちは何を考えているのか。主催者はどうしてこんなことを言っているのか。なるほど、こんなふうにモチベーションを上げるのか。今のトークは使えるな。こうしたことを頭をフル回転させて考えています。

先輩マネジャーに話を聞きに行ったときと同じように、何かを盗もうとしていました。盗むものは絶対にある。その意味で、**「マネジャーはセミナーに行ったほうがいいか」と問われたら絶対に行くべき**だと思います。得るものは必ずあるからです。

そして、私は自費で行くようにしていました。自分のお金だからこそ、覚悟が変わる。お金を払っているから、元を取らないといけない、と必死に向かうようになるのです。

学びは日常の中にもあります。

たとえば、テレビでたまたま見たドキュメンタリーで、とても素晴らしい人がいたりする。これは組織づくりに役に立ちそうだ、と感じたらメモをしておいて、後から連絡したりしました。**出演していた人に、会いに行き、話を聞いてくる**のです。

今はインターネットという便利なものがあります。所属を調べると、すぐ連絡先が見つかります。

成功者に会えば、いろんな話が聞けて、自分たちの組織に取り入れることができます。

優先順位

これはもっとみんなに聞かせたい、と思って、社内に講演に招いたこともありました。

テレビに出るような人に限らず、私たちは日々いろんな人に会います。これはいい話だな、組織で活かせるな、と思ったら、必ずメモをするようにしていました。


世の中で話題になっている本などもチェックしています。ベストセラーには必ず理由があるわけで、こういうところが役に立つから読んだほうがいいよ、とみんなに勧めます。なぜ読んだほうがいいのか、と一言添えて伝えることがポイントです。そうでないと、読む気になりません。

たとえば、自分が本当にうまくいかなくて落ち込んだときに、読んで救われた本があります。『人間は自分が考えているような人間になる』（アール・ナイチンゲール、きこ書房）という本です。

「すごく勇気が出る本なので、悩んで気持ちが落ち込んでいるなら、読んだほうがいい」

こんなふうに、私はアンテナを高く立て、自分の引き出しをどんどん増やし、部下の役に立つ情報を発信していました。それはそのまま、組織づくりや部下のサポート、アドバイスにも役立ちます。日頃から意識しておくことが、思わぬところで役に立ってくる。

その姿勢が、チームのメンバーの「応援したい」という気持ちにつながっていくのです。

13

このメモ術で、情報を自分のものにする

私は、**仕入れた情報は、必ずメモする**ようにしていました。

メモはそのまま、自分の引き出しになっていきます。引き出しを増やしていくためにも、どんどんいろんな場に出ていったり、人に会ったりして、メモを書き加えていきました。

ただし、メモをしておけば、それだけで頭に入ってくるのかといえば、実は違います。

また、たくさんのメモを取りますから、どこに何があったか、なんてことになりかねない。

そこで、**メモを自分のものにする「メモ術」を編み出しました。**

こんな感じです。

まずノートの大きさはA4判です。

そして、**左のページにインプットしたことを黒字で書き加えていきます。**これは、人が言ったことでもいいですし、セミナーなどで見聞きしたことでもいい。本に書いてあった、「これは」と思ったことの抜粋でもいい。

しかし、ただ書くだけでは、なかなか頭には入りません。

そこで、**右のページにそのメモを見て何を自分が感じたのか、それをどう捉えたのか、赤字で書いていく**のです。

つまり、見たり、聞いたり、読んだりした一次情報は左側に、それを踏まえて解釈を加

ノートを左側と右側で使い分ける

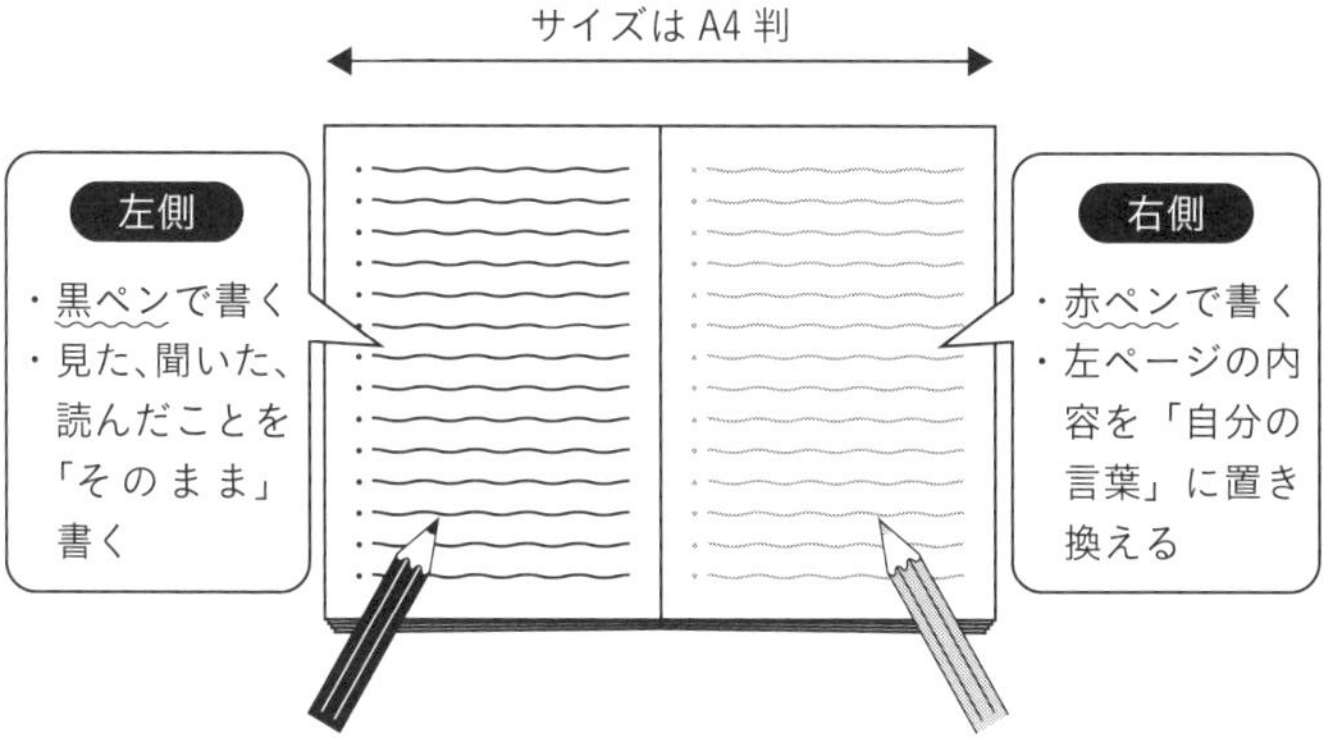
サイズは A4 判
左側
・黒ペンで書く
・見た、聞いた、読んだことを「そのまま」書く
右側
・赤ペンで書く
・左ページの内容を「自分の言葉」に置き換える

えた私の考え、二次情報を右側に書くわけです。こうすることで、**インプットされたときは単なる情報だったのが、生きた情報、使える情報に変わります。**

そもそも、こうしたメモ術を始めたのには、理由があります。

大学を卒業して新卒でハウス食品に入社したときのことです。私の配属は中国地方の営業。周囲から、「かわいそうに」と言われました。当時、鬼軍曹と呼ばれていた有名な営業所長の下につくことになっていたからです。

たしかに外見は怖かった。しかし、中身は素晴らしい方でした。今も覚えているのが、入社間もなく、「八木、ちょっと来い」と呼び出されたときのことです。

「お前、『働く』ということの意味を言うてみい」

私は答えられませんでした。そうすると、こう言われました。

「働くというのは、そのまま『端《はた》（傍ら）の人をラクさせる』という意味や。だから、お前がラクするな。お前は、まわりの人たちをラクにするために一生懸命頑張る。それが働くということの意味や。よう覚えとけ」

22歳のときのことです。インパクトのある言葉でした。そして鬼軍曹に毎日、提出したのが営業報告書でした。1日が終わったら、その日、何をしていたかをレポートするのです。

フォーマットの一番下に、空欄がありました。私はそこに、「こんなことをすればもっと良くなる」など、自分の感じたことを書いて必ず提出していました。1日も欠かさずにやっていました。

先輩たちの中には、考えるのが面倒なのでしょう。活動報告はざっと書いて、空欄に何も書かれていないことも多かった。私は、それはやめようと思いました。

1日、仕事をしていれば、何か感じることがあったはずです。何でもいいので、何か一つ自分の考え、次につながる反省、やってみたいこと、こうすればもっと効率が良くなるといった提案、今日の失敗、次に同じようにしないための工夫などなど、できるだけ空白が埋まるように書いていきました。場合によっては、裏面も使いました。

ただ起きたことを書いても仕方がない。自分の次に結びつかないと意味がない、と思っていたのです。これが後の独自のノートづくりの原点でした。

人の話でも、セミナーでも本の内容でも、**これはと思うことには、自分なりの思いや感想、アイディアなどが付随して浮かんでくる**ものです。それを右ページにどんどん書いていく。そうすると、誰かの言葉が、自分の思いやアクションに変わっていくのです。

以前からメモの大切さは認識していましたから、マネジャーになって、これは、と思うことをいろいろメモするようになりました。しかし、メモを取っても、なかなかそれがすぐに次の行動につながっていくことはありませんでした。

結局、書いただけではまだ人の言葉だからです。そこで、**人の言葉を自分なりに解釈して、自分の言葉で書いていけばいい**、ということに気がついたのです。そうすることで、自分ごとになる。次の行動に移しやすくなる。実際、その通りでした。

ノートを使って自分なりに解釈した言葉や考え方は、アウトプットすることで本当の価値を発揮します。

情報は、人間の五感をフル活用してアウトプットしたとき初めて、自分のものになっていくと私は考えています。

人に話したり、人の意見を聞いたり、議論をしたりする。こうした一連の動きによって、いろいろな人からの情報は自分の中にしっかりとメモリーされていきます。すると、いろんな形でアウトプットし、何かの結果に結びつけていくことができます。

マネジャーは、部下を成功させるのが仕事です。いいと思ったことは、部下にどんどん伝えていく。そのときに、いかに自分なりに咀嚼して伝えられるか。ここで、マネジャーの力量が問われてくるのです。

ただ言われたこと、聞いたことを伝えても、それは部下には入っていきません。なぜなら、その言葉に魂が入っていないから。部下が忘れないようなところにまで落とし込んで、伝えていかなければいけないのです。

第3章

部下の「人生の目標」を一緒に探す

14

会社の目標を
堂々と部下に伝えるな

マネジャーの役割は、組織を率いてゴールに到達させることです。

しかし、ただ到達すればいい、ということではないと私は考えています。大事なことは、「いい形」で到達すること。**メンバーの満足度が高く、誰もが納得する形でゴールする。**それを目指さなければいけません。

では、「ゴールとは何か」。

多くのマネジャーが、会社から与えられた目標をゴールだと思い込んでいます。

でも、本当にそうでしょうか？

会社から与えられた目標は、たいてい、会社全体の目標から逆算されて組織に割り当てられただけの目標です。これは得てして、その組織にとっての確たる裏付けがあるわけではありません。

全社目標が昨年比で110％だから、組織の目標も110％。それがチームに降りてきて、110％になっている。ただ、それは死んだ数字です。**部下を動かす生きた数字ではありません。**

つまり、会社から与えられた目標は実はゴールではありません。

しかし、多くのマネジャーが会社の目標を、現状把握も何もしないまま、部下に伝えています。

人生の目標

「とにかく会社がこう言っているから、やるしかないだろう」

ここまではっきり言わないにしても、ただ目標が降りてくるだけであれば、部下の受け止め方は同じだ、ということに気づいておく必要があります。

「そうですか、わかりました」

部下はそう言うかもしれませんが、それは表面上の話。納得しているはずがありません。


プルデンシャル生命では、実は上から数字が降りてきたことはありません。創業者の坂口さんから、「この数字をやれ」と言われたこともありませんでした。そんなことをしたからといって、組織が動くはずがない、とわかっていたからです。

組織のマネジメントにおいて、最も重要なことが、ゴールの設定、目標の設定です。

私は、営業本部長として、マネジャーや支社長をトレーニングする立場にもいましたが、そのときにも目標の設定は、最重要事項として据えていました。

では、マネジャーは目標づくりをどうすればいいのか。まずは**会社から降りてきた目標を部下には降ろさない**、ということです。

部下には何も言わない。もしかすると、隣のマネジャーは降りてきた数字を部下に伝えて、「やらなければいけないんだ」と各人の数字に落とし込んだりするかもしれませんが、そんなことはしない。

実際には、会社から数字が降りてきているのは、部下はわかっています。しかし、マネジャーは言わない。これが、マネジャーの評価を上げるのです。

もちろん、部下に言わなければならない決まりがあるなら、言えばいい。でも、こう付け加えてください。

「会社の目標は気にしなくていい。あなたにはあなたの別の目標があるのだから、それを実現することだけを考えていれば大丈夫」

そして、こう言って、安心させます。

「数字は自分の責任。自分が責任を持つから、みんなは気にしなくていい」

会社の目標というのは、マネジャーが心の中にしまっておけばいいのです。

もとより、それを部下にそのまま落として押しつけるから、おかしなことになるのです。

15
会社の数字は言わない。「個人の目標」を一緒に考える

「上司から、評価もされたい」

「昇進も昇給もしたい」

普通のビジネスパーソンはそう考えているでしょう。つまり、「仕事をやりたくない」「結果を出したくない」などという社員は1人もいない、と私は思っています。


マネジャーは、そうした部下の願望、つまり目標を叶えてあげないといけません。

そのときに大切なのが、組織を「**2・6・2の法則**」で考えることです。**できる人が2割、できない人が2割、そして中間が6割。**


上の2割は、「上から数字が降りてきた」でも、モチベーションを損なわずに働きます。この2割の人たちは、誰に何を言われようが、やっていく人たちです。

2・6・2の法則とは?

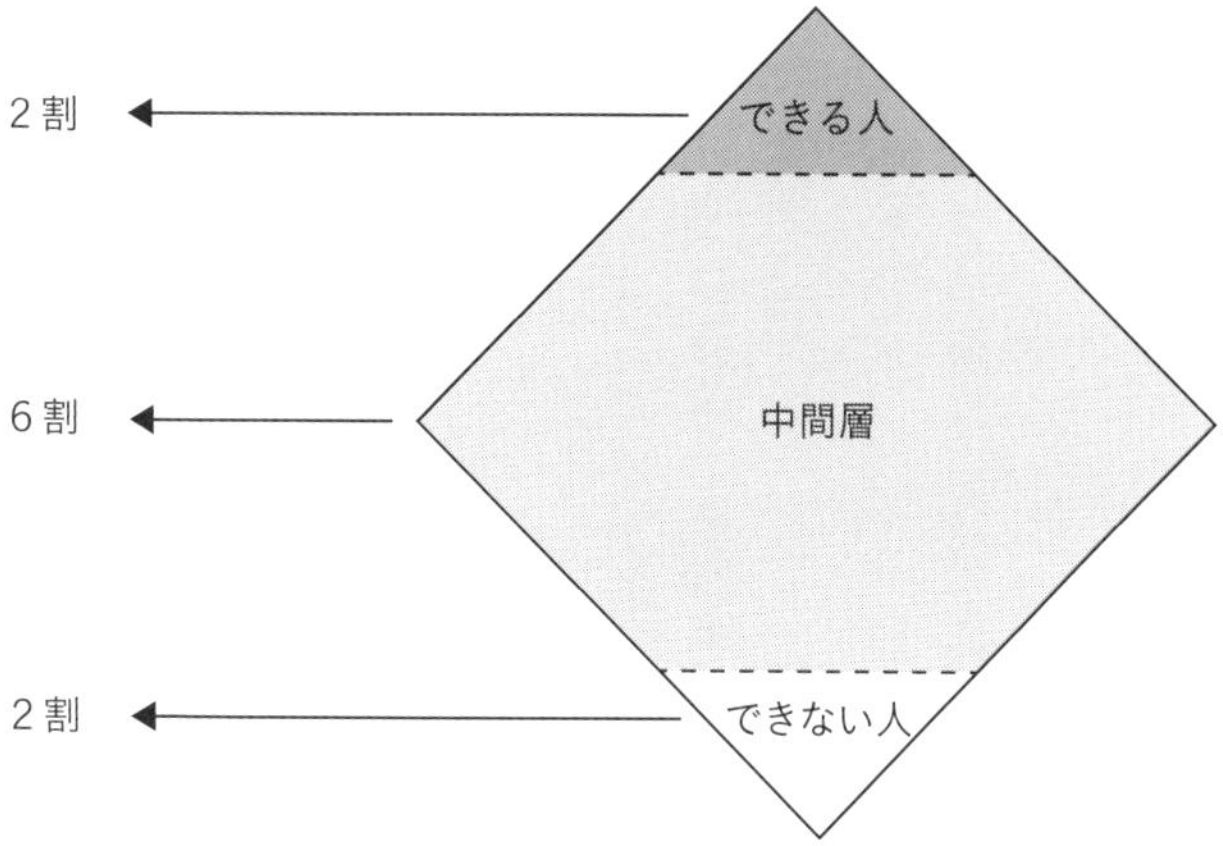

重要なのは、中間にいる6割です。なぜなら、この6割の人たちが、実際に数字を作ることになるからです。下の2割は足を引っ張りますから、この引っ張られる比率をできるだけ少なくして、中間の6割の中で伸びていく人を増やしていくことで、数字も大きくなっていくのです。

この6割の人には、特徴があります。図を掲げましたが、**環境や人に大きく左右される**ということです。上の2割が明確なモチベーションを持ち周囲に左右されることがない一方で、この6割はとてもまわりから影響を受けやすい人たちなのです。

言葉を換えると、センシティブでデリケートな人たち。誰がリーダーで来たか、何をマネジャーに言われたか、事務所の雰囲気はどうか、といったことに大きく影響されるのです。

だから、彼らには会社の目標ではなく、別のアプローチをする必要があります。「やらないといけないんだ」「できなかったらどうするんだ」「オレが困るんだ」といったアプローチではなく、**個人個人に合った動機付け**、さらには目標設定をすることです。

「**会社ではなく、個人の目標を持つ**」

それが個人としての成績を伸ばす、ひいては能力を伸ばすうえで絶対に欠かせません。

多くの部下を抱えてきてわかったことは、**自分から動こうとしない人には、ある共通点があるということです。それは、「個人の目標を持っていない」ことです。**会社から与えられた目標だけをこなそうとする人は、絶対に自分からは動きません。やらされ仕事だと考えているからです。

そうではなく、個人の目標を持っている人は、これをすることが自分の幸せにつながるとわかっているから、勝手に動き始めるのです。

もちろん、個人の目標を持っていなくても、飛び抜けて売れる人、結果を出せる人はいますが、それがすべてではない。

また、チャンピオンという言葉はすでにご説明しましたが、プルデンシャルのライフプランナーが目指すものに「社長杯」があります。これは全ライフプランナーの上位2割くらいの人が入賞します。

社長杯に入賞することができれば、世界大会にも行くことができ、憧れの対象の一つです。多くのライフプランナーが、社長杯を目指しています。

しかし、みんなが社長杯を目指すかというとそうではありませんでした。それぞれ、自分が行きたいところがある。その本人の行きたいところに行かせてあげるのが、マネジャーの仕事なのです。

全員が社長杯を目指すのは、言ってみれば、全員が4番バッターを目指す野球チームみたいなものです。だからといって試合に勝てるのかといえば、そうではない。

16
「個人の目標」は、こうやって見つけ出す

個人の目標を部下と一緒に考えるうえで大切なのが、それぞれの能力と可能性をマネジャーが把握することです。そして、目指す先を一緒に信じ、そこに辿り着くまでをフォローする。各人がどうなりたいのか、を理解し、それを応援することです。

そのために、**本人のパーソナリティをしっかり聞く。**そこに「自分はどうなりたいのか」のヒントがあるからです。

たとえば、**部下と目標や業績についての面談**をする機会があると思いますが、どんな会話をしているでしょうか。

私は、「どうして目標に行かなかったのか」と話をする前に、「**あなたはどうしたいの**

か」を聞くようにしていました。

さらに言うと、私は面談では、仕事の話から入らず、**まずプライベートな質問をしていました。**人は誰しも自分のことを話したいと思っています。だから、業績の話をするのではなく、プライベートの趣味や子供の話をする。すると、心を開いて話し始めるのです。その後、「ちょっと最近、調子悪そうだけど？」と聞くと、悩みや課題を自分から話してくれます。

プルデンシャル生命に入って、初めて私の面談を受けて、びっくりする人は少なくありませんでした。会社の目標ではなく、個人の目標をいつも聞き続けていたからです。こんなことは初めて聞かれた、という人がたくさんいました。

これはコーチングのセミナーで学んだことですが、**「どうしたいのか」という答えは、本人が持っているの**です。ところが、意外に本人自身がそれに気づいていなかったりします。パーソナリティをどんどんひもといていくことで、**本当に目指したい方向に気づかせてあげる**ことができたりするのです。

実際、いろいろ聞いているうちに、「本当はこんなことがやりたかった」という話が出てくることが少なくありません。ほとんどの場合、仕事の話ではありません。プライベー

人生の目標

トな話です。実は、**プライベートでやりたかったことこそ、重要なこと**なのです。どんな人生を送りたいのか、に直結するからです。

たとえば、「本当は野球選手になりたかった」なんて話が出てきたりする。ケガをして、野球ができなくなってしまった。今も野球は好き。ただ、野球選手は諦めた。そんなとき、私はこんな話をします。

「じゃあ、誰かにその思いを引き継いだらどうかな。息子がプロ野球選手になるために何ができる？　地域の子供たちを応援して、少年野球チームからプロ野球選手を出すこともできるかもしれない。その子供たちに、もっといい環境を与えてあげたらどうなの？　それこそ、少年野球の監督をやってみたら？」

仕事とはまったく関係がありません。しかし、本当に実現するには必要なものがあります。お金もそう。知識もそう。人のマネジメントもそう。地域とのコミュニケーションもそう。しかも、本人がやりたいこと。

そのために、仕事を役立てればいいのです。

大事なことは、**人生で目指したいことと、仕事で目指すことをリンクさせていく**ことです。**仕事の目標など、たかが知れています。**そもそも仕事は人生の手段でしかありません。そこに気づけば、1人ひとりは勝手に走り出すのです。

もっと頑張らないといけない。もっと稼がないといけない。もっと学ばないといけない。もっとやらないといけないことがある。そんなふうに自分で気づいて、人生の目標と仕事がリンクすれば、誰もが頑張れるのです。

それこそ、社長杯にしても、ゴールでもなんでもない。それは手段です。そもそも保険を売るために生まれてきた人間なんていないのです。保険を売るのは、人生の目標を叶えるための手段でしかない。

誰でも本当はやりたいことがあるはずなのです。そのために働いたほうが頑張れるに決まっています。

自分がやりたいことのために働く。**仕事は人生の手段。**そのことに気づけば、仕事人生はまるで違ったものになるのです。

マネジャーは部下の話をひたすら聞くことで、部下が自らそのことに気づく機会を提供してあげる。そうすれば、部下は自ら頑張り始めるのです。

17

「夢の力」を心の底から信じなさい

「仕事とはこういうもの」
「会社とはこういうもの」
「生きるとはこういうもの」

人間は成長するにつれて、いろいろな固定概念を植え付けられていきます。そのうちに、一番大事なことを忘れてしまうのかもしれません。

特に会社に入れば、会社のために、売り上げのために、利益のために、と先輩も上司も言う。だから、あたかもそれが一番大事なものかのように思ってしまうのです。

本当は昔はプロ野球選手になりたかった。花屋を出したかった。こんな暮らしがしたかった。こんな人に憧れた……。

いろんな思いをみんな持っていたのに、それをだんだん忘れてしまう。いつしかホコリを被り、その存在すら思い出せなくなってしまう。でも、本当はそうした思い、つまり**夢こそが、仕事の大きな原動力になる**のです。

だから、マネジャーが部下との面談ですることは、部下に「夢」を思い出してもらうことなのです。

どうして私がこのことに気づけたのかといえば、プルデンシャル生命では、こういうことばかり言われたからです。それを誰よりも語っていたのは、創業者の坂口さんでした。彼は誰よりも、みんなの幸せを、1人ひとりの幸せを祈っていました。本気でそれを目指してほしいと語っていました。

それは彼自身が苦労していたから、そして、夢を持っていたからだと思います。

彼は、生命保険があったからこそ、後の成功があった人でした。生命保険がどんな役割を果たすのか。その意味を誰よりも理解していました。

だから、これを売ってこい、これだけ売ってこい、こういう保険を勧めなさいなどと、絶対に言わなかった。

売ることが大切ではないのだ、ということを私は教わりました。保険は人を助けてくれるものだからです。そして、そんな保険をお客さまに提供することで、私たちは幸せを手に入れることができた。

今も覚えていますが、プルデンシャル生命の社長杯のメッセージは、この言葉でした。

「If you can dream it, you can do it.」

これを坂口さんは、こう訳していました。

「夢、それはあなたの未来」

社長杯は、この言葉をバックにした映像で始まりました。そしてスピーチでは、こんな言葉をもらいました。

「夢を持たなければ、何も始まらない」

夢を持つことの大切さ、それが仕事の原動力になること。これをプルデンシャル生命では、大いに気づかされるのです。

しかし、現実の世界に戻り、保険を販売し始めると、やはりそうそううまくいかないわけです。すると、だんだん心が荒れてくる。夢の存在を忘れてしまうようになる。

このとき、また夢の世界に引き戻してくれたのが、当時のマネジャーでした。うまくいかないとどんどん視野が狭くなっていく。そこで、大きく視野を広げ、なんのために仕事をしているのか、を改めて気づかせてくれたのです。
私自身、夢の大切さをプルデンシャル生命で徹底的に学んだのです。

18 「ギリギリの目標」が部下を爆発的に成長させる

マネジャーとして、部下には必ず夢を聞いていました。採用も大事な仕事でしたから、採用面接でも聞いていました。

パーソナリティを聞くこと、本人がどうなりたいのか、という夢を聞くことは、マネジャーにとって極めて重要な仕事だと思っています。

「自分がこうなりたい」という夢を意識すると、どうなるか。**部下は、自発的に目標を作るようになります。**

人生の目標

ライフプランナーはフルコミッションですから、「これくらいやりたい」という大きな数字の目標を自分で作ってくれます。

それを合算したら、とんでもない数字になります。だから、上がってきた数字をいかに減らすか、というのがマネジャーである私の仕事になっていました。あまりに無理な計画を立てても、疲弊してしまう可能性があるからです。

ただ、**目標は小さ過ぎてもいけない。**本人の実力や、今の環境や雰囲気、そのときどきで何か自身で課題を抱えていないか、といった状況に応じて絶妙感がなければいけません。

垂直跳びで有名な実験があります。すぐ届くところに線が引いてあって、「ここまで飛んでください」とお願いすると、誰でもピョンと飛んで線まで到達できる。

一方で、絶対に手が届きそうにない、ものすごく高いところに線が引いてあって、「ここまで飛んでください」と言われると、飛ぶけれどもやっぱり届かない。

最後に、もしかしたらギリギリ届くかもしれない、というところに線を引いて、「ここまで飛んでください」と言われると、一生懸命に飛ぶ。

何人もの人が飛んで、それぞれの平均を取ったとき、どれが一番高く飛んだのかというと、ギリギリのところに線を引いたときでした。このときの飛ぶ高さが、アベレージだと最も高く飛べたのです。

目標設定には、まさにこの考え方を取り入れるべきだと思っていました。自分で目標を申告してもらう。**行けそうで行けなさそうな、ギリギリのところを一緒に考える。そこに設定されたときに、人間は一番、能力を発揮できる**からです。

そうした目標設定をするためにも、普段からしっかり部下とコミュニケーションを取ることが大切です。

もしかして仕事以外に家族のことで悩んだりしていないか。病気やお金など、問題を抱えていないか。こうした個人的な問題が、仕事には大きく影響してくるから。ましてや、ギリギリの目標設定には、大いに影響してくるから。

一方で、とても充実した状態で、フルに力を発揮できる環境にあって頑張っているメンバーもいる。

それぞれ違うメンバーの状況を把握すれば、本当にギリギリのところに線を引くことができるのです。

「フルコミッションの保険セールスだからできるんだ」

人生の目標

と感じる人もいるかもしれませんが、私は必ずしもそう思いません。報酬に跳ね返らなくても、評価には跳ね返るし、出世にも影響します。

同期が全員、社長になれるわけではない。だんだん振り落とされていって、最後は誰かが社長になるのです。

当然、その間には、頑張りに応じて一番に課長になったり、部長になったり、役員になったりする。フルコミッションでは報酬にモチベーションがかかりますが、そうでなければ、組織や昇進、周囲からの評価にモチベーションがかかってくる。

偉くなっていけば、それに応じて給料も上がっていきます。昇進も給与もあまり興味がない、という人もいるかもしれませんが、褒められてうれしくない人はいません。

それは十分にモチベーションになると思うのです。だから、ギリギリ手が届きそうな絶妙な目標を立てることは、大きな意味を持ってくるのです。

19

仕事の目標ではなく、「人生の目標」を一緒に考える

個人の目標を立てるうえで私がまずやっていたことは、個々のメンバーからパーソナリティや夢を聞き出すことでした。「こんなふうにしたい」「こうなっていたい」「こんなことをやってみたい」……、それを言語化する手伝いをしていました。

子供をアメリカに留学させたい、でもいいですし、両親に家を買ってあげたい、でもいい。

こうした**自分のプライベートな目標が定まると、それをいつまでに達成する必要があるのかを考える**ようになります。そして、それを実現しなければならないとなったら、今、仕事で何をしなければいけないかが見えてきます。

たとえば、夢を叶えるためには、どのくらいの収入が必要なのか。年間どのくらいの数字をやればいいのかが見えてくる。その数字をやるのであれば当然、社長杯には入らないといけない、といったことになるかもしれません。

ただ、**「社長杯を目指す」というのは夢にはなりません。**あくまで、実現したい夢の通過点の一つに社長杯がある、というだけです。マネジャーがやってはいけないのは、夢もないのに、「社長杯を目指せ。そのためには毎週、このくらいの数字が必要だ」などとやってしまうことです。

社長杯は手段なのです。人生のゴールではない。人生のゴールは自己実現であり、夢です。そこから逆算して、今やるべきことにつながっていく。そうすることで、一本筋の通

夢・ビジョン・目標とは？

自己実現

夢　お金では買えないもの
（目標・ビジョンを達成したら、自然と見える）

		私的	公的
ビジョン		子供の目標となる親	周りの人の目標になる
目標	長期	ハワイに別荘	全国１位
	中期	家族と海外旅行	社長杯入賞
	短期	自宅に３Ｄシアター	同期で一番

った目標ができあがります。

　本人が持っている夢は、面接や面談でも聞きますが、一度は紙に書いてもらったり、メンバー全員の前で発表してもらったりしていました。「これを目指しています」ということをはっきり言ってもらう。それは、何のためにこの会社に入ってきたのか、という目的でもありました。

　夢は何でもいいですが、実際には多少は指導します。というのも、「高級外車に乗りたい」なんて夢を言う人もいるからです。それが夢でも構わないといえば構わないのですが、**お金で解決できるような夢は、叶えた瞬間に終わってしまいます。**

　私がよく言っていたのは、「そうした物質

的なものは目標であって夢ではない」ということです。目標と夢を間違えてはいけない。

人間が**人生で最終的に目指すべきなのは、自己実現**だと私は思っています。

91ページに図を掲げましたが、人生のゴールは自己実現なのです。

その手前に夢がある。**夢というのは、お金では買えないもの。**いつまでも追いかけるものです。夢の手前にあるのが、ビジョンです。ビジョンは「〜なりたい」「〜ありたい」、たとえば「家族を幸せにしたい」といった抽象的なもの。感情的、情緒的なもの。

そして、最も近くにあるのが、目標です。目標はお金があれば買えるもの。論理的で客観的に計れるもの。

最終的に自分がどうなりたいか、という理想の自分になるためには、この一つひとつを前に進めていかなければいけません。

さらに**目標には、私的な目標と公的な目標があります。**そして**目標は、短期と中期と長期に分ける**必要があります。

「ポルシェを買いたい」「世界一周旅行をしたい」「ハワイに別荘を持ちたい」などというのは、夢でもビジョンでもありません。目標です。

「社長杯で表彰されたい」「社長になりたい」「エグゼクティブになりたい」などというの

もそう。お金で買えるもの、現実的なものはすべて目標なのです。

夢というのは、もっと先にある遠いものです。その夢の前にビジョンがある。これは、目標よりももっとレベルの高いもので、「尊敬されたい」「認められたい」「家族を幸せにしたい」「いつも笑顔のある家庭にしたい」など、情緒的、感情的なものです。

ビジョンは、目標達成の先に見えてくるものです。目標を一つひとつ達成していけば、ビジョンがやってきて、目標もビジョンも達成したら、今度はお金では買えない夢が実現していく。夢が叶えば、最後は自己実現が待っています。これは、自分よりもまわりのことを大切にできるような世界です。

私は、自己実現は、自己消滅だと理解しています。私利私欲がなくなる。世の中のために、人のために自分は生きていくのだ、という究極の世界です。

しかし、自己実現は目標とビジョンを達成した人だけに初めて見えてくるもの。究極な幸福の状態。私は、坂口さんはここにいたと思っています。

私はマネジャーとして、すべての部下がそうなれるよう、指導してきました。

20 何時間かかっても、部下が「自分で答えを出す」まで待つ

夢とビジョンと目標との違い、さらには自己実現の世界は、簡単には腹落ちできないかもしれません。私は本部長時代、この話を研修でいつもしていましたが、すぐに理解してもらうことは難しかったのをよく覚えています。

しかし、この構図を頭に描いておくと、マネジャーとしても成功に近づけるし、部下も成功に近づけることができると私は信じています。

そう断言できるのは、多くのマネジャーを観察してきて、**うまくいっていないマネジャーはほとんどの場合、ゴールを間違って捉えていた**という事実があるからです。

この構図を理解すると、毎日がまったく違ってきます。

目の前でやっていること、やらないといけないことが、未来につながっていることがイメージできるようになります。逆にいえば、**目の前にあることをしっかりやらないと、ステップを先に進めることができないと理解できる**のです。

少なくとも、高級外車がゴールではないとわかるし、社長杯もそうだとわかります。それは途中の通過点に過ぎない。もっと上の目指すべきステップが待っている。そう考えられるようになるのです。

そして、マネジャーがそれを部下と共有できたら、何も言わなくても部下は目標に向かって走り出します。それが、自分の人生を幸せにすることにつながると理解しているわけですから。

気をつけなければいけないのは、**いきなり自己実現には向かえない**、ということです。

かつて、面接でこんなことがありました。

「何をしたいか」と聞いてみると、「アジアの子供たちのために学校を建てたい」という答えが返ってきました。私は言いました。

「アジアの子供たちのための学校はいいんだけど、あなたの家は建っているの？」

つまり、夢を叶えるためには、そこまでのステップをきちんと理解し、それを踏まえてブレイクダウンしていかないといけないのです。

自分の家を建てていない人が、アジアに学校を建てることはまず難しいでしょう。本当にアジアに学校を建てたいなら、**先にまず自分が充足された状態になるべき**だと思うのです。それが、正しい目標の立て方だと思うのです。

そしてもう一つ、本気で追いかけることです。目標は、頑張れば必ず手に入るものです。それが実現するかどうか、大きく左右するのが、本気で手に入れたいと思っているか、だからです。

たとえば、「ハワイに別荘がほしい」という人がいたとする。私はこんなことを矢継ぎ早に尋ねます。

「いつ建てたいのか?」
「いくらなのか?」
「場所はどこか?」
「下見に行ったのか?」

ほとんどの人が、こういう質問に答えられません。答えられないということは、目標になっていない、ということです。本当にハワイに別荘がほしいなら、今すぐハワイに行って調べてくるべきです。場所を決めて値段を知る。不動産仲介の営業マンの名前を聞いてくる。ここまでやらないと達成はできないのです。

世の中には、ハワイに別荘を建てたいと思っている人がたくさんいます。しかし、その人たちの何人が、本当にハワイに別荘を建てるのか。限りなく少ないでしょう。では、建てられた人とそうでない人の差は何か。

本気だったか、そうでないか、ということです。私は言っていました。本気でなければ、ハワイには別荘は建たない。私が約束してあげる、と。

目標を実現可能なところまで、落とし込まないといけない。それができた人が、目標をクリアできるのです。

このように私はマネジャーとして、そこまで具体的に話をし、部下の夢を目標にまで落とし込んできました。

21

目標から逆算して、日々の行動に落とし込む

目標の落とし込みがある程度できたら、今度はそれを**具体的な「数字」に落とし込んでいきます。**

この段階でも、**部下にすべてを決めてもらうのが、基本**です。そのために、まずは過去のデータを知ってもらいました。

過去に成功した人たちは、どんな数字の推移をしていたのか。うまくいかなかった人はどうだったのか。とりわけ新人で入ってきたメンバーには、成功してきた人たちが最初の1カ月間、3カ月間でどんな動きをして、どんな数字を出してきたか、きちんと説明するようにしていました。

「こんなことがしたい」「こうなりたい」というものがはっきりすれば、次にやらなければいけないことは、それを**短期の目標に落とし込んでいく**ことです。そのときに、過去のデータが役に立つのです。

ゴールから逆算し、1年、2年という短期でやらないといけないことに落とし込んでいく。これだけの数字を作らなければならない、ということになれば、どんな行動が必要になるのか。過去の人たちは、どんな行動をしていたか。

そこから、たとえば週に5人会う、10人会う、そのために電話を何本かける、といった具体的な目標が出てきます。数字ではなく、行動の目標です。

結果を出していくのは、地道な行動の積み重ねです。うまくいく人といかない人の差は、これをずっと粘り強く継続させていけるか、というところが大きい。

ただし、そのときに必要な日々の行動は決してやさしいものではありません。高い目標を目指すわけですから、むしろ辛いと思います。

このときに、日々の取り組みが、きちんと自分の未来につながっているという認識が生きてきます。「こんなことがしたい」「こうなりたい」が実現できるからこそ、乗り越えられるのです。

具体的な数字の目標が決まったら、私はいつも、**目指すゴールを紙に書いて、メンバーに貼ってもらっていました。**びっくりするのは、ほぼ書いた通りにそのまま実現していったライフプランナーが少なくなかったことです。

本気で思い、人前で堂々と宣言し、そこから逆算して短期の目標や行動に落とし込んでいくことで、本当にゴールを実現させていったのです。

彼らを見ていて感じたのは、やはり**ゴールを持っていることの強さ**です。日々の地道な取り組みがゴールとつながっていなかったら、毎日をうまく過ごせたかどうか。

ライフプランナーは基本的に個人事業主ですから、自己管理能力が問われます。ああ、今日は天気が悪いなぁ、ちょっと体調がすぐれないなぁ、とサボる理由はいくらでも浮かびます。

しかし、**彼らはサボらない。その日の行動が自分の未来に直結していることがわかっているからです。**そして、そのことが仕事に向かう大きなモチベーションになっていく。日々の地道な仕事が未来につながることがわかっている。

創業者の坂口陽史《きよふみ》さんが亡くなられた後、アメリカで苦労して難しい資格試験に挑んでいた時代の写真が出てきました。そこに、自筆で書かれたこんな言葉が机の上に貼ってありました。

「将来の成功は、今の1分間にかかっている。陽史よ、もっと真剣になれ」

自分がなりたい理想の姿は、ライフプランナーに限らず誰でも必ずあるはずです。そこと真剣に向き合うことです。これはマネジャーもそうですし、部下にもそれを求める。そして、その姿と日々の仕事を結びつけていく。

多くの人は、そんなことを考えてもみないのではないか、と私は感じています。私が知ってほしいのは、**仕事と人生は一体**なのだ、ということです。仕事だけ成功するとか、プライベートだけ充実するとか、そういうことはないはずなのです。

仕事は仕事で割り切っているとか、プライベートな問題を仕事に持ち込まないとか、そんなことを言う人もいますが、それは正しくない。

どちらかだけで充実している人など、果たしているのかどうか。仕事が充実してくれば、プライベートも充実してきます。**プライベートが充実してくれば、仕事も充実する。**

目の前の仕事がなりたい自分につながっている、という意識を持つことができたら、毎日が変わっていきます。**仕事に向かう姿勢も変わる。**そうなれば当然、結果も変わります。一本筋が通っている人は、まわりから認められるはずです。出世もするでしょうし、収入も上がっていく。ひょっとしたら、独立するかもしれない。

まずはマネジャーが、このことに気づくこと。そして、自分自身、仕事と人生をつなぐことです。

家族がいつも笑顔になっている。お父さん、お母さんが家族の中で尊敬されている。そんなビジョンこそ、目標以上に大切だから。それを実現するために、会社の目標を達成するのです。そしてその先には、夢や自己実現が待っている。

それを達成するために、目の前にどんな目標を立てればいいか。それを自分で、メンバーに考えてもらう。あるいは、一緒に考える。そうやって、1人ひとりの目標を作っていく。それは、**未来につながる目標**です。単なる会社から降りてきた目標設定では、なくなるのです。

第4章

「1対1」で何をどう話せば、部下が変わるのか？

22

100人の部下がいれば、100人の個性がある

マネジャーが部下をマネジメントするとき、まず**やってはいけないのは、全員に同じマネジメントをしてしまう**ことです。

そして、ついついやってしまうのが、「自分ならこういうマネジメントを受けるのが心地良い」とばかりに、**自分をイメージしてマネジメントしてしまう**こと。しかし、1人ひとりはまったく違う、ということを強く認識しておく必要があります。

私はよくマネジャー向けの研修で体操のコーチの話をします。1976年のモントリオールオリンピックで3個の金メダルを獲得したルーマニアの体操選手コマネチを育てたコーチについてです。

NHKのドキュメンタリー番組で見たのですが、彼は選手によって育て方をまったく変えていました。

負けん気の強い選手に対しては、とにかくものすごく厳しく怒る。一方で、繊細で怒ってしまうとダメになってしまうような選手には、優しく褒めて褒めて育てる。

選手の性格に応じて、厳しく強く言う選手と、優しく繊細に褒めながら育てていく選手と分けていたのです。教え方はまったく違わないといけない、と。

これを見ていた私は、マネジャーが部下と接するときも、まったく同じだ、と思いました。**100人の部下がいれば、同じマネジメントでいいはずがありません。**それぞれ育った環境も違うし、精神的な強さ弱さも違うからです。

だから私は、**それぞれの部下がどんなタイプなのかを理解する**ようにしていました。普段からいろんな話をしたり、同僚とのコミュニケーションを見たり、仕事の様子をチェックしておく。

そのうえで、この部下は褒めたほうがいいのか、厳しく育てたほうがいいのか、見分ける。特に大事なのが、精神的に強いのか、繊細なのか、です。意外にも、みんなの前でワイワイしゃべっている部下が繊細だったりしますから、気をつけなければいけません。自己防衛のために、派手にふるまっているだけだったりするのです。

一方で**マネジャーも、部下からはわかりやすい存在でいたほうがいい**と私は思っています。何を考えているのか、よくわからない上司というのは、部下にとっても不安なものです。

コミュニケーションを交わせる時間は短いかもしれませんが、自分の個人的な話をしたり、思いをしっかり伝えたり、さらけ出す意識を持ったほうがいい。

「ああ、これは心から話していないな」という建前めいた話には、部下は敏感に反応するものです。**自分を出さないコミュニケーションは、部下から不信の目で受け止められかねません。**しっかり本音で話をしたほうがいい。

コミュニケーションの悩みはやはり多いのか、関連した書籍などもたくさん出ています。ただ、日本人は真面目な人が多いので、そのまま実践してしまう人が多いようです。

真似から始めることは大事なことだと私は思っていますが、ことコミュニケーションに関しては、**相手があってのもの**だと強く認識する必要があります。まずは、コミュニケーションする相手のことを真剣に思って、というところからスタートしなければいけません。それこそ、表面的にどんなにきれいなことを、うまいことを言ったとしても、そのときどきの状況にフィットできていなければ、意味をなさないのがコミュニケーションなのです。

23 部下の性格に合わせて、話し方を変える

プルデンシャル生命では、**マネジャーと部下は必ず3カ月に1回「パフォーマンスレビ**

1対1

ュー」という面談をすることになっていました。1対1で、個室で1時間ほど行います。マネジャーと部下の1対1のコミュニケーションは、極めて重要です。プルデンシャルの場合は組織が大きくなってしまって四半期に1回しか行えませんでしたが、毎月でも構わないと思います。

このとき大切なのは、**部下の話を「聞く」**ことです。部下の悩みを解決する場にすること。話を聞いて、それに対して助言して、お互いに合意して、それをいつまでにやろうか、どうやってやり続けようか、と話をしていく場にするのです。

一番ダメなケースは、マネジャーが一方的に話し、部下を評価する場にしてしまうことです。たとえば、結果が出ていないからと、頭ごなしに部下を否定する。

「だから、お前はダメなんだ」

「○○くんを見てみろ」

「ちゃんとやれよ」

これでは、何の解決にもなりません。部下は「はい、すみませんでした。頑張りますので」と言うしかない。最悪のコミュニケーションです。あの人に会ったって頭ごなしに言われるだけだ、と次からは会ったとしても、心を閉ざしてしまうかもしれません。

とにかく聞いてあげる。もっと良くなりたい、もっと頑張りたい。部下はみんなそう思っているのです。悪くなりたいなんて思っている人はいない。

ただし、部下がすぐに本音を言ってくれるのか、といえば、必ずしもそうではありません。だから、ちゃんと心の蓋を開けてあげることです。そうすると、チョロチョロと本音が顔を出す。引っ張り出しやすくなってきたときに、それをグッと引き出してあげるのが、マネジャーの仕事です。

「そうだった。入社したときには、こんな気持ちだった。忘れていた。もう一回、ゼロからやり直してみよう」

部下が、こんな気持ちになるように話を聞いています。そうすると、マネジャーとの1対1でコミュニケーションする時間が楽しみになる。マネジャーにパフォーマンスレビューをやってほしいな、と思えるようになる。レビューがそういう時間になるよう心掛けていました。

パフォーマンスレビューの基本的な考え方は、引き出す、元気になる、やる気になる、というステップをコミュニケーションによって定期的に作り出すことです。

「マズローの五段階欲求説」の中にありますが、**人間は基本的にみんなもっと成長したい、**

もっと頑張りたいと思っているのです。一生懸命働きたいし、幸せになりたい。

話を聞いているときに、部下がどんな発言をするかで、どの段階にいるかがだいたいわかります。たとえば「おいしい物を食べたい」「いい車がほしい」は第一段階の欲求で、「安心して住める家がほしい」「ハワイに別荘がほしい」は第二段階の欲求です。それがわかったら、マネジャーとして一段上の話をする。すると、やる気を出してくれます。

新人のライフプランナーに対して、

「組織のことを考えて行動してほしい」

「業界のためにやるべきことがある。頑張らないといけない」

「もっと世の中の人のために貢献できることを考えろ」

と言ったところで、まったくピンとこないでしょう。それこそ、マズローの五段階欲求説です。そのどこにいるかをまず考えて、アドバイスをする。

一方で、華々しい成功をしてチャンピオンが狙えるようなライフプランナーには、前述した言葉が響きます。もう個人の成功を超越していたりするからです。なのに個人の欲求について期待をかけたり、褒めたりしたところで響かない。

マネジャーが声をかけるときには、**部下がどのステージにいるのか**を、よく考えて期待

マズローの欲求五段階説

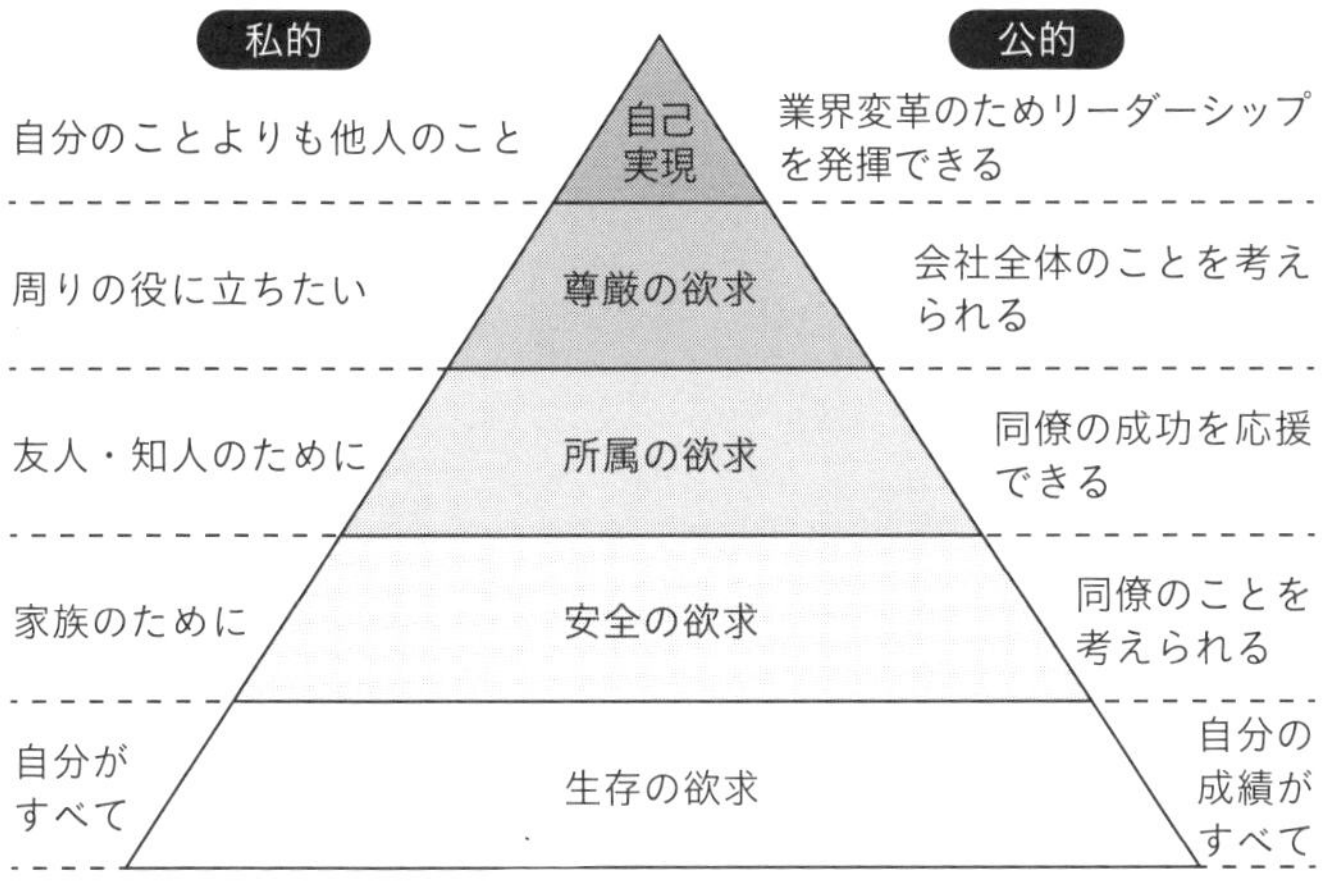

の声をかけないといけないのです。

私は新人のライフプランナーにはよく、こんなことを言っていました。

「初月に頑張って、やるべき活動量をちゃんとクリアしたら、全日空ホテルにステーキを食べに行こう」

これが意外に効くのです。「ホントですか？　頑張ります！」となる。マズローでいうと、まだまだ、生存欲求の段階だからです。でも、これが頑張りの動機になるのであれば、大いに意味があります。しかし、これを上位ランクのライフプランナーに言っても、まったく響かないのは言うまでもありません。

マネジャーは、部下の欲求段階を理解しておかないといけないのです。

24 「基本に忠実」に、部下の話を聞く

どんなふうにすれば、部下が大きく変わるレビューができるのか。よく問われましたが、私は特別なことはしていませんでした。

パフォーマンスレビューについても、基本のステップが作られていました。私は原則、これを外すことはありません。その流れに沿ってやっていただけです。フローは次の通りです。

1 事前準備（部下に四半期を自分で振り返ってもらい、シートにまとめてもらう）
2 情報の収集（四半期の部下の情報を集め、振り返っておく）
3 実績レビュー（部下と一緒に実績を振り返る）
4 原因の追求（部下と一緒によかった理由、悪かった理由を振り返る）

5　期待されていることの説明や検討（一緒に何を期待されているかを考える）
6　業績アップのヒントの入手（業績アップのために何ができるかを一緒に考える）
7　助言の提供（部下のためになる助言をする）
8　合意の獲得（部下から「やります」という言葉を引き出す）
9　期限の設定（いつまでに達成するかを部下と一緒に考える）
10　これをどうフォローアップしていくか（部下の達成度合いを一緒に確認する）

周囲を観察していると、基本通りにやるマネジャーは、意外にも少なかった。とりあえず、部下とコミュニケーションをすればいいんだろう、という考え方だったのでしょう。そうではなく、このステップを基本通りにやることが大切なのです。どこかが抜けていたり、順番が逆転していたりと、「我流」でやっているマネジャーは成果を上げられていない。私はそうならないよう、ステップ通りに進めるために、この流れを用紙にまとめて机の上に広げて面談していました。

特に「順番」の重要さを痛感したのが、海外に赴任したときです。部下とはいっても外国人ですから、言葉だけですべてを伝えることは難しい。でも、ステップの通りに面談をすると、言語の壁を乗り越えて、きちんと部下をマネジメントすることができたのです。

1対1

25

面談でやるべきこと、やってはいけないこと

部下とのコミュニケーションにおいては注意しなければいけないことがあります。それは、**伝えないといけないと思ったことは、きちんと言わないといけない**、ということです。

日本には「あ、うん」という言葉がありますが、「言わなくても、それくらいは察することができるだろう」などとは思ってはいけません。言わなくても、これくらいはわかるだろう、というのはマネジャーの勘違いです。

社外の人に対しては、注意深く伝える人でも、**社内の人となると身内だからか、「あ、うん」の呼吸で言いたいことを伝えたつもりになっている人が多い**ようです。

たとえば、組織内でどんな役割をお願いしたいのか。どんな頑張りに期待しているのか。「リーダーとして引っ張っていってほしい。新しい人が入ってきたら、面倒を見てほしい。あなたはみんなの強いところ、弱いところをよく見てくれている。苦しんだりしているときに、ちょっとしたアドバイスが重要なので、何かあったら支えてあげてほしい」

こんなふうに、きちんと具体的に伝える。なんとなく、ではなく、はっきりとわかりやすく伝えないといけません。

もう一つ、注意しないといけないのは、レビューの場はエネルギーを部下にあげる場であり、一方で部下の持っている負の悩みや苦しみを全部引き受ける場である、ということです。**負のエネルギーが、仕事の邪魔をしている**からです。

世の中には、業績の悪い部下とはなかなかレビューをしない、というマネジャーもいます。お互いに避けてしまう。部下も話したくないし、マネジャーも話したくない。しかし、これではまったく前に進みません。早く負のエネルギーをマネジャーが吸い取ってあげないと、いつまでもよくならないのです。

だから、レビューを行うとマネジャーは疲れます。本当にヘトヘトになります。1人1時間、1日5人が限界です。エネルギーを与えて、負のエネルギーを受け止めるからです。逆にいえば、ヘトヘトになるくらいにマネジャーが疲れるレビューでないといけない、ということです。

加えてマネジャーは、**部下の言っていることをしっかりメモしておかないといけません。**そうでなければ、連続性が作れないからです。また次の四半期にレビューがあります。

前回のメモが、このときに役に立ちます。私は部下それぞれの名前を書いたパフォーマンスレビュー用のノートを作っていました。その部下は何を言ったのか。それに対して私はどんな話をしたのか。どんな約束をして、いつまでにやると決めたのか。

レビューの前には、そのメモを見返しておきます。こうして、言いっぱなし、聞きっぱなしではないレビューが実現するのです。

26

「仕事の悩み」ではなく、「プライベートの悩み」を取り除け

1対1

パフォーマンスレビューでは、仕事の話だけをするわけではありません。1対1で話す、わずか年4回の機会。パーソナルな話も、必ず聞くようにしていました。

たとえば、家族のこと。すでにおおよそわかってはいますが、変化はないかを聞く。何か困ったことが起きたり、悩んでいることがないかも聞きます。

たくさんのパフォーマンスレビューをしましたが、印象として感じるのは、**売れている人、仕事がうまくいっている人は仕事の話が多い**、ということです。一方で、**売れていない人、仕事がうまくいっていない人はプライベートの話が多い**のです。

少しでも**仕事以外で気になることがあれば、100%仕事に打ち込むことができなくなります。**仕事に完全に100%フォーカスできる状態になっていない。だから、仕事がうまくいっていないのです。

プライベートと仕事は、切り離して考えることはできません。プライベートで起きていることが、仕事の足を引っ張ってしまうことは、往々にしてあるからです。

家庭の問題か、経済的な問題か、健康の問題か、友人関係か、人間関係か。もちろん、簡単な話ではありませんから、おいそれと解決できません。

しかし、必ずしもサポートしてあげられなくてもいい、と私は考えていました。もちろん、アドバイスできることはしますが、そんなに簡単な問題ではないことも多い。実際には部下も、そんなことは期待をしていません。それよりも、聞いてもらうことが大事なのです。

部下にどんなことが起きているのか、ちゃんと聞いてあげて、そのことを知っていて、理解してくれている。それだけでも部下の意識は変わるのです。

同じ悩みや困りごとにしても、会社に関わること、仕事に関わることであれば、マネジャーの出番があるケースもあります。たとえば、人間関係。誰々とうまくいっていない。あいつとは合わない。どうにも気に入らない……。

これについても、ふんふんと聞いてあげる。ただし、決して迎合してはいけません。そして、何かおおごとにつながるかもしれないぞ、と感じたらすぐ動く。場合によっては、間に入って話を双方から聞いたりする。片方からだけ聞いてはいけません。

必要があれば、当人同士を呼んで話をさせます。でも、たいてい何も話さなくなる。そういうとき私は、「本人の前で言えないことは言うな」と言います。

また、もっとシンプルな方法としては、どうにも合わない2人がいたなら、何かのタイミングで席替えをして、2人の席を離してしまうのです。たったこれだけのことで、問題が解決することもあります。

端的に言ってしまうと、**仕事がうまくいっている人は、仕事以外のことをちゃんと自分できちんと解決する能力がある人、**とも言えます。解決能力がある。あるいは、そういう問題を起こさない人です。だから、仕事に集中できる。だから、うまくいく。

うまくいっていない人は、その解決がなかなかうまくできていないことが多いのです。悩みをずるずる引き延ばして、問題を解決しないまま先送りしたりしている。臭い物に蓋をしてしまうのです。そうすると、どんどん腐っていく。ある日、蓋を開けたら大変なことになっている。だから、また蓋を閉めてしまったりする。でも、そのうちガスになって爆発するのです。

解決策を提示できなかったとしても、プライベートの悩みが仕事に影響していることは、マネジャーは部下に伝えるべきでしょう。そして、その解決が早ければ早いほどいい、ということも含めて。そうすることが、結果的に部下と上司のためになるのです。

27

「部下が上司から」学ぶのではなく、「上司が部下から」学ぶ

プライベートの悩みとは違い、仕事の悩みについては、マネジャーは的確な解決策を提示することが、部下からの大きな信頼につながることは言うまでもありません。しかし、これについては意外なところにヒントがある、ということを知っておく必要があります。

もちろん部下の悩みも聞くパフォーマンスレビューですが、**そもそもどんなふうに仕事をしているか**、しっかり確認していく場でもあるわけです。

ですから、成績を出している人、うまくいっている人からも話を聞きます。そうすると、やはりものすごくいろいろなことを考えていて、工夫をしていることがわかります。

何かの問題をしっかり捉えていたり、それに対して、こんなふうにしたり、あんなふうにしたり、と取り組みをしていたりする。要するに、**問題への解決策をたくさん持ってい**

1対1

るのです。しかもそれは、**マネジャーの私が持っていない「処方箋」**だったりします。

彼らは嬉々としてそれを私に教えてくれます。うまくいっている人たちは、自分のやり方を聞いてもらうことは、うれしいことだからです。

ちなみに私は、「聞く」という行為は三つの要素「心」「目」「耳」でする行為だと思っていて、そのために、大げさなリアクション、メモ書き、傾聴ということを意識しています。すると、話の意図を深く理解できるし、相手もこちらの話を真剣に聞いてくれていると受け止めてくれます。

こうして聞くことができた「処方箋」は、他のメンバーの悩みに大いに効く薬になったのでした。これは私自身、あとで気づいたことでしたが、**解決策は必ずしもマネジャーが持っている必要はない**のです。部下が、いい薬をたくさん持っているのです。

仕事がうまくいっている人たちは、必ずしも自分たちの情報を漏らしたくないわけではありません。彼らはどの人がどんな悩みを抱えているのか、どの人がどんな薬を求めているのか、わからないのです。

それがわかるのが、1対1のレビューをしているマネジャーなのです。**マネジャーだけが、誰にどんな薬が必要なのかを知っている。**だから、レビューで得たたくさんの情報をしっかりメモしてプールしておいて、必要な部下に薬として提示すればいいのです。その薬を持っている部下と、悩んでいる部下をつないでもいい。

たとえば、保険のセールスで、どうすれば医師のマーケットで仕事ができるか、悩んでいたメンバーがいました。

医師のマーケットは閉鎖的なところがあり、独特の流儀を知らないと入り込みにくいという特徴があります。何時に訪問すると会ってもらいやすいのか、大病院の医師を訪ねるときはどのように入館すればいいのか、などを知らないと、そもそも会ってもらうことすら難しい。また、運良く会うことができても、どんな会話から始めるのがよいのか。

そこで私は、製薬会社出身のライフプランナーに、彼にアドバイスしてほしいとお願いしました。製薬会社の出身ですから、医師とすでに仕事をしていて、その内実にも精通していました。おかげで、医師のマーケットに参入したいと思っていた彼は、見事に医師との取り引きを始めることができました。

こうしたアドバイスを私がすることができたのは、先にお伝えした通り、普段からメンバーがどんなバックグラウンドを持って、どのように仕事をしているかを気にしていたからです。

1対1

マネジャーというのは、なんというトク**トクな職業**かと思います。**いろいろなメンバーが培ってきた解決策や処方箋を聞くことができる**のです。そして、それを自分のものにしていくことができる。時には、あたかも自分が経験してきたかのように、メンバーにアドバイスできる。

逆にいえば、マネジャーはこの特権を活かさない手はない、ということです。レビューをして、うまくいっている部下がどんなふうにうまくやっているか、しっかり聞き出さなければいけません。そして、しっかりメモを取っていく。それは、マネジャーとしての引き出しをどんどん増やしていくことにつながります。

第5章

「何気ないしぐさ」に気を配る

28 第一印象に「二度目」はない

これは特に日本人に顕著だと思うのですが、**自分がまわりの人たちからどう見られているか、あまりわかっていない、意識していない人が多い**印象があります。

パッと見た印象で、その人がどんな人だろう、ということが判断されてしまいます。どんなにいい話を用意していたとしても、**見た目と声のトーンで9割は決まってしまう。**印象づくりには、話す内容は実はほとんど関係がないのです。

その見た目について、意外にその影響が認識されていないのは声のトーンです。有名なメラビアンの法則でも、感情や態度が矛盾したメッセージのもとで、人が認識するのは6割が見た目で、3割が声のトーン、話す内容は、わずか1割でしかないそうです。

かつて研修で面白い対比を体験したことがあります。飛行機が揺れたときの機長からのアナウンスなのですが、落ち着いた低いトーンで「みなさま、ただいま、揺れておりますが、飛行にはなんの影響もございません……」と言われると、安心できます。

ところが、同じセリフをハイトーンでうわずった声で言われるとどうでしょう。

そう、まったく安心できないのです。

このくらい、声のインパクトは印象を作ってしまうということです。

必要なことは、**「客観的に自分を見る目」**です。

だから、私は「自分はきっとこう見えているはずだ」などという思い込みではなく、ライフプランナーがロールプレイの際に撮影をするように、**自分がどう見えているか**、理解することにつとめました。場合によっては、自分のしゃべっているところもビデオに撮って、確認してみたり。

服装や髪型はどうか。しゃべりながら、印象よく手が動いているか。目線はきちんと相手のほうを向いているか……。外からどんなふうに見えているか、チェックしておいたほうがいい。

スーツもヨレヨレで、ネクタイも汚く、靴も白っぽくなっている……。そんな見た目でいくら立派なことを言っても、誰も聞いてくれないのです。

しぐさ

アメリカ大統領は、飛行機から降りるときには、どちらの顔を人に向けるか、どちらの手を挙げるか、すべてコーディネーターが決めるといいます。スーツの色、ネクタイの柄まで意識している。カメラがある場所を想定して、どこからどんなふうに歩いていくのかも決める。アメリカ大統領でさえ、ここまで気にしているのです。

アメリカには、こんな言葉があります。

「第一印象に二度目はない（There is no second chance for a first impression.）」

それこそ**第一印象で悪い印象を持たれたら、もうそれは二度と取り返せない**のです。

だから、最初の赴任地に赴いたり、新しいチームを率いるときには、新品のスーツやシャツ、ネクタイ、靴で朝一番に出社していました。それで印象が決まってしまうからです。

また、しゃべるときにも、「えーっ」「あーっ」などを言わないよう、まずは「おはようございます」といった挨拶ではっきり発音する。語尾を飲み込まない。

こういうことをやっておかないと、**あとで取り返すには10倍くらいの力が必要になる**のです。日本では、見た目よりも中身が大事、という空気感が昔からあるようです。しかし、もう時代はすっかり変わっている、ということに気づく必要があります。全員がちょんまげを結っていた江戸時代とは違うのです。

誰の目から見ても清潔感がある。きちっとしている。ちゃんと見た目に気が配られている。それが相手に伝わることが大切なのです。

29 日頃のコミュニケーションが「思わぬ情報収集」につながる

組織の中では、いろいろな問題が起き、それはどんどん増えていきます。早く解決していかないと、たまっていく一方です。

私はその都度、何が今の一番の問題なのかを理解し、その中でも自分で解決できる問題と、解決できない問題を、マネジャーとして認識するようにしていました。

まずは、**自分でしか解決できない問題を先に片付ける。**大きな問題だけれど、自分では判断できない、自分では決断しても意味がないことは、上司に委ねるのです。

しぐさ

私は、日々押し寄せる大量の問題をさばくために、机の上にＡ４用紙を広げて、今やるべきこと、つまりタスクを書き出していました。棚卸しするのです。

そして、それを**「重要と緊急のマトリクス」で優先順位付けする**。よく聞くやり方だと思いますが、基本に忠実にやるべきことを整理することが、「マネジャーにしかできない仕事」を明らかにするための最短ルートです。私はいつもこの図を頭の中に描いて、常に自分の今やっている仕事の優先順位を意識しています。

一方で、**人にお願いすれば解決できる問題は、できるだけ人にお願いします。**

それこそ、自分がやったほうが早い仕事もあるかもしれない。しかし、他の人でもできる問題は委ねたほうがいい。そうすることで、マネジャーは自分にしかできない仕事に時間を割り振ることができます。

そのためにも、**普段から良好な人間関係を組織内で作っておく**ことです。そうしないと、手伝ってもらえないのです。

とりわけ味方につけなければいけないのは、すぐ近くで仕事をし、マネジャーをサポートしてくれる人たちです。プルデンシャルではオフィスクラークと呼ばれていましたが、営業事務を手掛けるのは主に女性たちでした。

特に彼女たちにお願いされていたわけではまったくありませんが、ちょうど３時くらい

重要と緊急のマトリクス

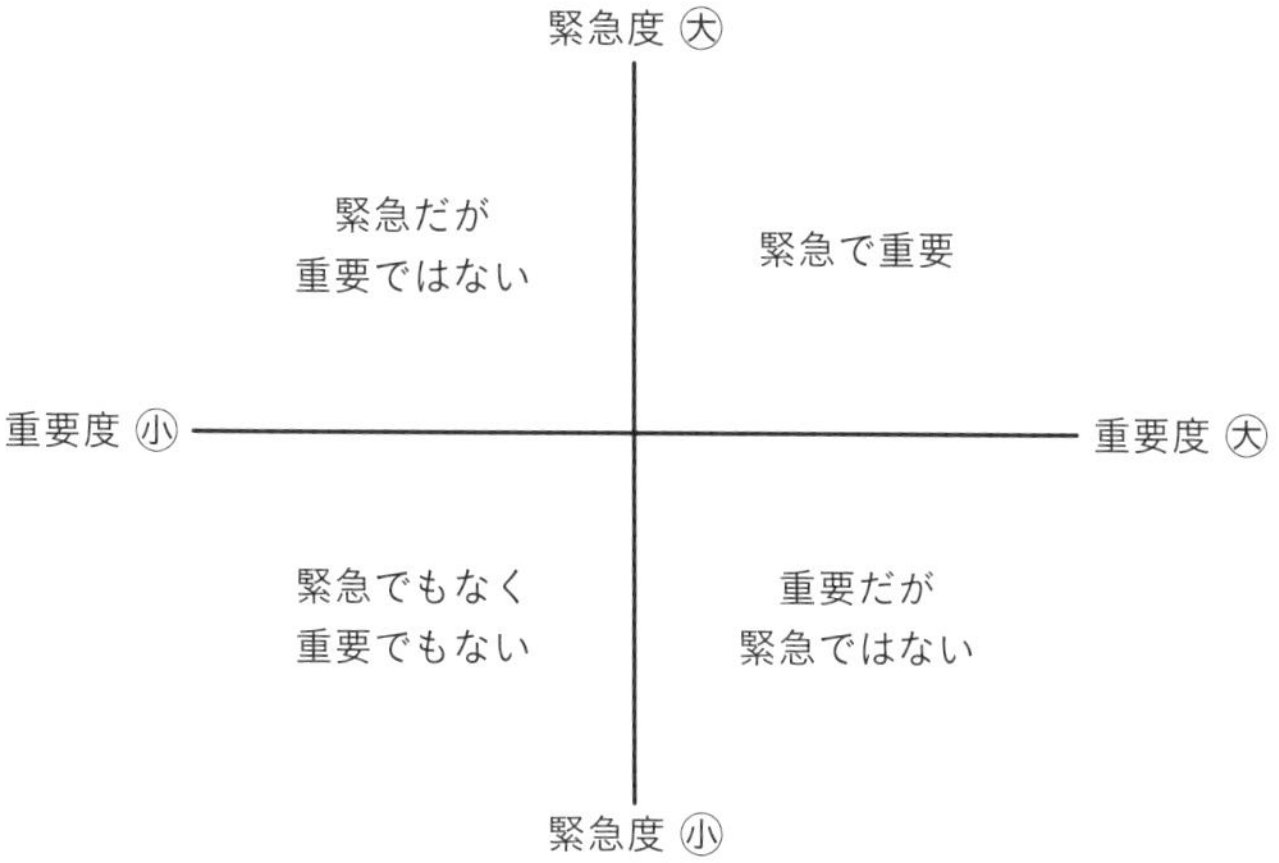

にオフィスに戻るようなタイミングになったら、シュークリームでもアイスクリームでもいいので、私は買っていくようにしていました。毎回ではありませんが、ときどき意識するようにしていました。

こうした、ちょっとした配慮でオフィス内の雰囲気は大きく変わります。ちょっと何か困ったことが起きたとき、「〇〇さん、ちょっとこれをやっておいてもらえませんか」というお願いも、快く引き受けてもらえたりするのです。

オフィスクラークにしても、サポートしてくれるスタッフにしても、組織はたくさんの人や仕事があって成り立っています。機械ではなく、みんな人間ですから、必ず感情があるはずです。

もちろん給料をもらっているわけですから、やるべき仕事はしないといけない。その命令を下す上司としての権限もある。しかし、感情を無視して「これをやっておけ」「お前の仕事だろう」「オレはこんなことをやっている暇はないんだ」とばかりに行動したら、仕事は間違いなくうまく進まなくなります。人は感情を持って生きているのです。

「お土産なんて買っていかないといけないのか」と考えるべきではありません。実際には、私自身が食べたかったりするわけです（笑）。「私が食べたかったんで、**ついでにどうですか**」と手渡せばいい。たった、これだけです。「いつも、いろいろありがとう」と言葉にしてもいいでしょう。感謝の気持ちは必ず伝わります。

出張に行ったり、世界大会でハワイに行ったりしても、**ありきたりのお土産にはしない。**マカダミアンナッツとか、キーホルダーでは、あまりに普通です。ちょっと考えて買って来てくれたんだなぁ、というものを選ぶ。そういう気持ちはちゃんと伝わります。

こうした積み重ねが、自分が一番やらないといけない仕事に100％集中できる環境を作ることにつながるのです。

そして、組織の雰囲気もよくなります。サポートしてくれている人たちをマネジャーが大切にしている、ということは組織内にも広がるからです。彼女たちが心地良く働いていることは、いい雰囲気づくりにつながるのです。

30

「大丈夫？」「わかった？」は絶対に使ってはいけない

しぐさ

部下の本音を聞きたいのに、それを阻害してしまいがちな言葉が、日本語にはあります。まわりに弱いところを見せたくないからなのか、反射的に反応してしまう言葉だからなのか、実際には違う返答をされてしまうことがよくある。

象徴的な言葉が、**「大丈夫？」**です。大丈夫なのか、と問われると、ついつい多くの人は「大丈夫です」と答えてしまうのです。

そもそも「大丈夫？」と聞いているということは、もしや相手は大丈夫ではないのではないか、という気持ちがこちらにはあるわけですが、「大丈夫ではありません」という返答がくることはまずないでしょう。

しかし、実際には**大丈夫ではないことのほうが多い**のです。しかも、「大丈夫？」と問われて、「大丈夫です」と返ってくると、ここで会話が止まってしまう。コミュニケーションが続かないのです。

マネジャーは本当は、その続きが知りたいのに、です。自分のことをあまり言わない日本人の美徳のようなこともあるのかもしれませんが、それは実際には美徳ではありません。相手には何も伝わっていないからです。

だから、**「大丈夫？」という問いかけは使わないほうがいい**のです。もし、この言葉を使うのであれば、むしろこう聞きます。

「大丈夫じゃないよね？」

何かあるな、と思ったときには、「大丈夫？」とは聞きません。「大丈夫です」としか返ってこないからです。

もう一つ、反射的に反応されてしまう危険な言葉があります。

「わかりましたか？」

私はたくさんの研修の講師を務めてきましたが、「わかりましたか？」と問いかけると、日本人は決まって「わかりました」と答えるのです。しかし、本当にわかっているかどうかは、正直、疑問でした。

そこで、研修でとても大事なところでは、あえてこう聞きます。

「ここはわかりにくいよね？」

すると、「はい」という答えが返ってきたりする。改めて、わかっていることを前提に質問をしてはいけない、と強く感じました。

私は海外でも研修を行ってきましたので、これは日本人の性格によるところが大きいと思っています。**自分だけわかっていないと恥ずかしいのです。**また、わかっている人に迷惑がかかってしまうと思い込んでいる。

しぐさ

だから、「わかりました」と言ってしまう。しかし、**2割はまずわかっていないと思ったほうがいい。**実際、「わかってないよね？」という問いかけにも、「はい」という返事がくるからです。

実際、保険のお客さまとのコミュニケーションでも、「わかりましたか？」は危ない言葉だと思っていました。お客さまはついつい「わかりました」と答えてしまう。

しかし、もしわかっていなかったら、後で必ずうまくいきません。

「ここは、わかりにくいですよね？」

「わかりにくいと思うので、もう1回説明しましょうか？」

などときちんとフォローをしておく。それをメンバーにも徹底させる。

安易な言葉づかいには、気をつけなければいけません。

驚くべきことに、私が観察してきた中では、9割の上司がこの二つの言葉の使い方を間違っていて、それが関係をこじらせる原因になっています。

31
「あ、うん」の呼吸は部下には通じないと心得よ

マネジャーに限らず、日本人は会話の中で、こんなフレーズをよく使います。

「なんとなくわかるよね」

でも、ビジネスではこれがまったく通じない。それを痛感したのが、韓国に赴任したときです。

韓国に行ったのは、マネジャーになって3年目のことでした。当時、韓国のプルデンシャルは、まったくうまくいっていませんでした。日本のやり方で立て直してほしいというアメリカ本社の意向を受けて、坂口さんが決断。当時の専務が乗り込むことになり、私もプロジェクトの一員になりました。

私に期待された役割は、マネジャーの採用と育成でした。日本でやっていることを、そ

しぐさ

のまま全部、韓国でやろうとしたのです。

驚くべき戦略は、同じ会社の中にまったく新しい別組織を立ち上げたことです。古い組織とは一切交わらず、新しい組織を作る、というのです。古い組織はそう簡単には変われない。しかも、混ぜればネガティブな事態が起きかねない。そこで新しく人材を採用し、新しい組織を作ることになったのです。

その教育をするのが、私の役割でした。日本では1カ月の研修も、言葉の問題があって通訳が入りますから、2カ月かかりました。それから、販売実習を3カ月。営業所長研修を1カ月半。その後、初のマネジャーが誕生しました。

日本と同じやり方でしたが、外国ならではの難しさも痛感することになりました。日本で使っていた研修のテキストは、具体的に記載されていなかったりするのです。

たとえば、面接の評価方法で「YESにもNOにも取れるときには『YN』と記述しなさい」というのがありましたが、どんな状況なら「YES」なのか「NO」なのか**はっきり教えてくれという質問**が出たりしました。

つまり、どっちにでも解釈できるような書き方の箇所がたくさんあった。しかし、日本では、とりたてて研修で質問されることはありませんでした。

ところが、韓国語にそのまま翻訳したテキストで研修を行うと、「よくわからない」と質問が次々に寄せられたのです。これはどういう意味なのか、よくわからない、と。

日本語は言語的にも、「あ、うん」の呼吸があって、**「ああ、それはきっとそういうことだろうな」と、なんとなく理解できたような気になるのです。改めて、あいまいな表現は日本でしか通用しない、と感じました。**

外国では、はっきり「なぜそうなのか」を書かなければいけないし、伝えなければいけない。それを痛感しました。

実際、そうやってしっかり説明すると、納得して動いてくれる。ただ、納得しないと動きません。納得して初めて動いてくれるのです。

日本人は、「ああ、なるほど、たぶんこういうことなんだろうな」と感じて動きますが、外国ではそうはいかないのです。

もう一つ、強く痛感したのが、通訳の重要性です。通訳選びには時間をかけましたが、日本語も韓国語も両方ネイティブクラスの人だと大変なコストがかかってしまいます。

しかし、どちらか一方がネイティブクラス、という人はそれなりにいます。日本語から韓国語に訳すのがうまい人、もしくは韓国語から日本語に訳すのがうまい人。

このとき、間違えたほうを採用すると、言いたいことがまったく伝わらなくなります。選ぶべきは、**日本語から韓国語への翻訳がうまい人**です。

しかし日本人は、外国に行ったときに、逆の人を採用したくなる。なぜなら、自分が理解したいから。しかし、会社のプロジェクトでは、それは大して重要ではありません。そんなことよりも、こちらの言うことがしっかり伝わっていかないといけないのです。

これは実際に、韓国でやってみてわかったことでした。後にブラジルでポルトガル語の通訳を雇うときも、このことに留意しました。

そして同時に留意したのは、自分と同じくらいの年代で、同じ性別の人、できれば体型や雰囲気も似ている人を選ぶことです。これはなかなか難しいことではありますが。しかし、雰囲気も似ていると、伝わりやすくなるのです。

文化の違いはかなり気をつけましたが、振り返ってみると、地球規模で考えたら、あまり大きな差はない、ということに気づきました。同じ人間ですし、結婚もするし、家族もいて、愛情もある。それは共通です。だから、あまり細かなことは気にする必要はないと感じました。

気にしないといけないとしたら、宗教と労働に関わる法律です。宗教がその国の国民性や労働法に影響を及ぼしていることが少なくないからです。

32 部下の扱いを男女で変えるのは、二流マネジャー

男性マネジャーであれば女性の部下を、女性マネジャーであれば男性の部下を、どんなふうにマネジメントすればいいのか、という質問を受けることがよくあります。

私がプルデンシャル生命に入った当時は、ライフプランナーは男性に限られていました。今はすでに変わっていて、300人ほどの女性ライフプランナーがいます。私は、オフィスクラークの女性を部下に持っていました。

その後、役員として行ったジブラルタ生命では、営業社員のほとんどが女性でした。

男性と女性とでは、やはり傾向に違いがある、というのは実感値としてあります。数字で見てみても、男性はドーンと最初に売れていくのですが、後からだんだん売れなくなっ

しぐさ

ていく、ということがよくあるのです。

それに対して、女性は最初はドーンとは売れないのですが、だんだんだんだん売れるようになっていく。

平均の数字で見てみると、6カ月くらい経つと女性のほうが売るようになります。ですから、真面目に働く習慣は女性のほうが上。ただし、瞬発力、爆発力は男性にある、という印象です。

実際、売り上げランキングを見ても、新人の初月で成績上位者は男性ばかりです。ただ、男性は飽きっぽいのかもしれません。次第に売れなくなっていくのです。また、ちょっとお金を手にすると、夜の街に走ったり、ギャンブルに手を出したり、車や時計に興味を持ち出したり、と余計なことをし出す。女性はそういうことはありません。もっと現実的に生きています。

ジブラルタ生命で一つ不思議だったのは、営業社員の多くは女性でしたが、マネジャーはほとんど男性だったことです。

これは、マネジャーは男性のほうがうまくいくから、ということのようでした。**いいマネジャーがいると、その人のために頑張りたい、という女性の気持ちが高まる**のです。なるほど、こうしたセオリーがあるのか、と知りました。

男性、女性と双方を部下に持ってきましたが、私が改めて思ったのは、**男性、女性であえて対応を変える必要はない**、ということです。同じでいい。ただ、男性、女性の傾向値は知っておいたほうがいいでしょう。

これはジブラルタ生命でいろんな部下と話して、ああそういうことなんだと思ったことでしたが、女性は男性のように絶対に成功するんだとか、そういうガツガツさはないのです。

どちらかというと、会社や上司、社会から認められたい、という気持ちが強い。もしくは、お客さまの役に立ちたい、という思いがある。

もちろん、負けず嫌いな人もいますが、あの目標に絶対に行くんだ、という気持ちはやはり男性のほうが強い。

頑張っている男性に聞くと、自分はこうなりたい、こうしたい、あんなふうに、と矢継ぎ早に言葉が出てくるのですが、女性に聞くと「お客さまのためにやっています」という言葉がさらりと出てくる。

本当はそうではなくて、自分のためなのではないか、と探りを入れてみたりしても、

しぐさ

「本当にそうなんです」という言葉が返ってくる。何人もの女性がそうでした。社会で活躍したい、人の役に立ちたい、ということが、モチベーションになっているのです。

女性は、考え方がとても多様なのかもしれません。しかし、だからといって、**自分だけ特別扱いしてほしいとは思っていない。**だからこそ、対応を変えない、ということが大事だと思います。

ただ、無骨な男性は嫌われます。気遣いの気持ちは必須でしょう。

また、女性の上司となると、つぶしにかかる度量の小さい男性の部下もいないわけではありません。しかし、女性はそれがあっても会社に訴え出たりはしない。あまり言わない。そして突然、退職願いが出てきたりする。

嫌なことがあったら、ちゃんと口に出して言ってもらう、という意味で、女性マネジャーの上司は要注意だと思います。しっかり女性を見ておいてあげないといけない。

33

人前で話すコツは、「人の役に立つ話をしよう」と考えること

マネジャーは人前で話す場面が増えます。

一方で、**人前で話をすることに苦手意識を持っている人は多い**ようです。私もその1人でした。

人前で話すことが嫌になるのは、一つ理由があります。それは、自分をよく見せようと思うこと。しかし、これは根本的に考え方が間違っています。

私も以前はそうでした。ジブラルタ生命に移って最初のスピーチをしたときのことです。そこには知らない人の顔ばかりが並んでいました。「最初のスピーチでみんなをあっと驚かせよう」と壇上に登りましたが、そこで大変なことになりました。登るまでは頭の中にあった原稿が、スポットライトが当たった瞬間にどこかに消えてしまったのです。**自分の**

しぐさ

よさを伝えようと必死になるあまり、原稿が二の次になっていたのです。

それからは、人の話を聞く機会があるたびに、上手に話す方法を研究しました。そのうちに、「人の役に立つ話をする」ことが大切なのだと気づいたのです。

そもそもどうして人前で話をするのか。その人に何かいいものがあるから、それを披露してほしい、ということ。だから、人前で話すことをお願いされるのです。

つまり、**求められているのは、自分のために話すことではない。自分をよく見せるために話すことでもない。誰かの役に立つ話を求められている**のです。それを聞いて、何かを得てもらうためにお願いされているのです。

したがって、**自分はどう見られてもいい**のです。そんなふうに矢印が自分ではなくて聴衆に向くと、話すことは、なんでもなくなります。

失敗したら自分が恥をかく、いい話ができなかったらみっともない。そういう思いが先にきてしまうと、人前で話すのが嫌になったり、むしろ失敗したりします。

もし、人前で話すチャンスがあるのであれば、絶対に引き受けたほうがいい。10人の前で話せる人は、1人の前では絶対によりうまく話せます。1000人の前で話せる人は、100人の前ではラクラク話ができます。謙遜したり嫌がらずに感謝して受けたほうがいい。

私は大勢の前でスピーチをするときには、事前に原稿を作って、練習をするようにしていました。前日に誰かに聞いてもらったりしてもいい。

本番は、原稿をそのまま見ることもあれば、キーワードだけを置いておいて、それを見ながら話すこともあります。

スピーチをうまく行う方法は、事前に準備をしっかりすることと、始まるまではしっかり緊張することだと思っていました。

多くの人の前で話をするときには、誰でも怖さがあります。だから、緊張します。緊張するというのは、真剣に取り組んでいる証です。だからこそ、しっかり準備もする。いけないのは、あまり準備をしていないこと。これは、真剣に取り組めていないから。どういうことが起きるのかというと、始まった途端に緊張するのです。始まってから緊張しないためにも、しっかり準備をすることが大切です。

ちなみに、1時間を超えるスピーチになると、視覚効果を検討します。1人の人がずっとしゃべり続けていると、間違いなく飽きます。

ドキュメンタリー番組の一部を使ったり、YouTubeのTEDから取ってきたり、他の

しぐさ

スピーチの一コマを使ったり。長いものではなく、3～5分程度です。こうした視覚効果で、少し雰囲気を変えることができます。

また、変化をつけるために、誰か会場に来ている人を当てて、「これについてはいかがですか」などと、何かを答えてもらったりするのも、一つの方法です。

そうすることで、**話し手に向いてくれる**ようになります。

そして気をつけるべきなのが、聞いている人が元気になるような終わり方をする、ということです。これで印象は大きく変わります。

たとえば、ミーティングの最後はこう勢いよく締めくくる。

「じゃあ、これをすぐにやってみよう。以上、終わり！」

最後に、思い出したように事務連絡を重ねる人がいますが、それはやってはいけない。ルール、法律に関するような話もだめです。気持ちがポジティブになる話をするのです。

ミーティングでは、「入り」はスムーズに、「終わり」は参加者が次の行動を行うために、そういう意識で始めて、終わると、メンバーがポジティブになりやすい。「1対多」の状況でも、どうすれば相手が動きやすくなれるかを考えています。

34

エースにこそ「苦言」を言え

しぐさ

優秀な部下、エースを持つマネジャーはとても幸運です。営業であれば、彼や彼女がどんどん数字を作ってくれる。ありがたい存在です。しかし、だからこそ気をつけなければいけないことがあります。

エースは、いい成績が出て、みんなに褒められ、評価されていると、勘違いをしてしまいがちです。テングになり、言動がおかしくなってきたりする。数字を出せば何をしてもいいんだ、とばかりに好き放題をし始めたり。数字を出せない同僚をなじったり、平気で傷つけたり。

プルデンシャル生命の場合は、ライフプランナーはフルコミッションですから、お金も絡んできます。私自身、フルコミッションを経験していますが、お金にはやはり大変なパワーがあるのです。お金をたくさんもらって、**おかしくなった人を何人も見てきました。**

お金に振り回されると、まず身なりが変わっていくことが少なくありません。**品のない、いわゆる成金のような格好**になっていったりする。

表情や歩き方も変わります。お金があれば何でもできる、とばかりに肩で風を切って歩くようになっていく。しかし、**本人はそうなっていることになかなか気づけない。**周囲からは「あの人は変わった」と思われているのに、です。

そして、**こういう雰囲気が当たり前になってしまうと、お客さまも離れていきます。**当然でしょう。ギラギラした品のない人から、大切な保険商品を買おうとは思わないのです。こうなると、営業成績も悪くなっていく。うまくいかなくなり、立ち直れなくなります。私の部下にも、ライフプランナーになってすぐに、目標を実現し、人生を狂わせた人がいました。

彼は「ポルシェを買いたい」という目標を持っていたのですが、あっという間にその目標を実現してしまいます。金遣いの荒さも目立つようになりました。しばらくすると、案の定、営業成績が急降下。目的を失ってしまい、仕事への意欲がそがれたのでしょう。あとはもう立ち直ることができなくなり、彼は会社を去りました。私は優秀で、大切なライフプランナーを1人失ってしまいました。それ以来、**調子のいい部下のマネジメントは決して怠ってはならない**、そう考えるようになったのです。

エースが潰れてしまわないように、注意するのも、マネジャーの役割なのです。

ところが、数字を上げていますから、**彼や彼女の機嫌を損ねたら、マネジャーの自分も困る、とばかりに口をつぐんでしまうマネジャー**が多い。エースがおかしくなり始めたときに、止められるマネジャーは少ないのです。

しぐさ

しかし、放置しておくと、後に大きなしっぺ返しがやってきます。エース自身にも、マネジャー自身にも、です。

それこそ、抑えがきかなくなった後だと、場合によっては数字を作るためにやってはいけないことだってしかねない。何をしてもいいんだ、という空気が当たり前になると、一線を越えてしまうのです。

これは、言ってみれば「臭い物に蓋」をし続けてきた、マネジャーの責任です。そんなところまでいってしまったら、もう今さら言えなくなる。

大切なことは、**絶対に「臭い物に蓋」をしてはいけない**、ということです。どんなに売れていたとしても、「ちょっといい？」と呼び出して、「おかしいよ」「変だよ」と言わないといけません。

場合によっては、「みんなに避けられてるよ」「わかってないんじゃないの」「このままいったら大変なことになるよ」とまで言わないといけません。

それを言われてカチンとくる人もいるかもしれない。言われて気づけるかどうかは、普段、マネジャーが尊敬されているかどうかが問われるところです。

しかし、それがわからなかったとしても、絶対に言ったほうがいい。そのほうが、マネジャーの尊敬にもつながります。むしろ、言わないほうが関係はどんどん悪化していきます。

本当に愛情があれば、言いたくないことも言えるのです。実際、機嫌を損ねるかな、と思いながらも、思い切って言ってみたら意外とそんなことはなかった、ということは少なくありません。それこそ、もし「うるせぇ、このやろう」なんて反応が返ってきたら、その人には、もう未来はないでしょう。


部下の変化に気づいたときには、もう止められない、ということもよくあります。

私はそうならないように、オフィスクラークのみんなと、月に1回、食事に行くようにしていました。お店はみんなに決めてもらい、私がご馳走をします。

そしてご飯を食べながら、最近、様子がおかしい同僚がいないか、確かめる。オフィスクラークのみんなは常にオフィスにいますから、同僚の様子をとてもよく見ているのです。

前はよく話しかけてきたのに、最近は話しかけてこない。ちょっと服装がおかしくなってきた……。こういうことは、オフィスクラークには本当によく見えています。

エースが勘違いをしたり、お金のパワーに負けていくとき、変わり始めたタイミングを捉えて諫言《かんげん》するためにも、オフィスクラークからの情報収集は重要でした。

この点でも、マネジャーは普段から、フロアのいろんな人と接していないといけません。

しぐさ

第6章

すぐれた人を「採用」する絶対法則

35

新しいメンバーで「組織の血」を入れ替える

プルデンシャル生命には、「リクルートがすべての問題を解決する」という言葉がありました。新しい人材を採用することが、大いに組織を活性化する、ということです。保険会社では、マネジャーの重要な仕事の一つに、新たなライフプランナーの採用があります。

これは私自身が実体験をすることになります。初めて営業マネジャーになったとき、最初に率いることになったメンバーは3人でした。

残念ながら、**正直それほど結果が出ているとは言えないメンバー**でした。私自身、ライフプランナーとして実績があったので、変な話ですが、部下に代わって私が動いたほうがよほど、結果は出せると思いました。

しかし、それは営業マネジャーが決っしてしてはいけないことになっていました。自分で売ったりしてはいけないのです。商談の場に同行しても、話をしてはいけません。名刺交換とご挨拶をしたら、後は隣に座ってニコニコしているだけです。

メンバーの商談を見聞きして、どんなにイライラすることになったとしても、声を上げてはならない。それがルールなのです。ただし、商談が終わったらアドバイスをします。また、オフィスの中で徹底的に鍛えることは、もちろん問題ありません。自分の成功体験を伝え、ロールプレイの相手になり、課題をどんどん指摘していく。

実際、私はメンバーとなった3人を絶対に売れるようにしようと思っていました。とにかく手取り足取りで支援していると、やはり売れるようになっていくのです。しかし、それは瞬間的なことでした。持続しないのです。

私はここでようやく、気づくことになります。**マネジャーの私が教えても限界がある、**ということに、です。

大事なことは、やはり**本人の気づきであり、本人が心からやる気になる**ことです。そうでなければ、うまくはいかない。

ライフプランナーのチャンピオンからマネジャーになる人はいませんでした。メンバー

採用

にしてみれば、やりにくかったかもしれません。怖いなぁと思っていたのかもしれない。プレッシャーもあって、ちょっと頑張っていたのかもしれません。

変化の兆しが見えてきたのは、それからしばらく経ってからのことです。新規採用がうまくいくようになり、元気のいい人たちが次々に入ってくるようになったのです。

入社後の挨拶で「頑張ります！」「人生かけてやります！」といった声がオフィス内に響くようになります。それをもともといたメンバー3人も見ているわけです。みるみる表情が変わっていきました。

「ああ、やっぱりオレも頑張らないといけない」

と気づいたのだと思うのです。実際、このほうが私が手取り足取り教えるよりも、よほど彼らをやる気にしたのです。

入ってきたばかりの新入社員に、ネガティブな人はいません。絶対に前向きでポジティブで「やってやるぞ」と思って入ってくる。これが組織を変えるのです。

誰しも最初はそうだったはずです。ところが、長く仕事をしているうちに、だんだんと沸点が低くなっていってしまう。高いモチベーションが保てなくなっていってしまう。かつては高い目標を持っていたのに、あきらめてしまう。結果が出せていないなら、なおさらです。

そこに、新しい人が入ってきて、「とにかく頑張って親孝行したい！」「家族をもっと幸せにしたい！」と宣言していくのです。これが刺激にならないはずがありません。

新しい血がどんどん作られていかないと人間は死んでしまうと言われています。これと同じで、組織も新しい血をどんどん入れていかないとダメになってしまう、ということなのだと思うのです。

36 理想のイメージから「逆算」して組織を作る

今の組織に刺激を与えるためにも、いい採用をしないといけない。マネジャーとして、そんな意識を強く持っていました。そこで私が行っていたのは、とにかくイメージすることでした。

採用

次はこんな人が入ってきてほしいなぁ、とイメージをどんどん膨らませていくのです。そのために必要なことは、**どんな組織を作りたいのか、しっかり考えておく**ことでした。野球のチームと同じです。いろんな個性が必要になるのです。とにかく打てればいい、とばかりに、4番バッターばかりを集めたとしても、チームにはなりません。

もちろん、バッティングの中心になる4番バッター、スーパースターは1人はいてくれるとありがたいですが、その前にコンスタントにヒットを打ってくれる選手もいないといけません。

バントが上手で確実にランナーを次の塁に進めてくれる人や、足が速くて相手チームに揺さぶりをかけてくれるような人もほしい。

また、チーム全体がちょっと落ち込んできたりしたときに、ベンチで鼓舞して盛り上げてくれるような人もいないと困る。

人間というのは、タイプと役割があるのです。だから、チームをイメージすると、こういう人がいてくれたらなぁ、ということが浮かぶわけです。

縁の下の力持ちがいたり、とにかく普段の雰囲気づくりがうまい人がいたり。とにかく明るい人、何かあったときに諫《いさ》めてくれる人……。こんなふうにして、どんどんイメージが膨らんでいきます。

それを踏まえて採用を進めていくと、「お、この人は」という人に出会えたりする。こういう役割をやってもらえるぞ、とイメージがわく。そして実際に入社すると、組織がまた変わって、また欲しい人ができてきたりする。

そして、**自分と同じようなタイプの人を採用してはいけません。**似ている人。気が合う人。こういう人を、どうしてもマネジャーはついつい採りたくなってしまう。お互いやりやすいのです。

しかし、うまくいくのは最初だけです。だんだんとうまくいかなくなる。**同じタイプの人間というのは、有事に支え合うことができない**のです。なぜなら、同じことしかできないから。

だから、**マネジャー自身にないものを持っている人を揃えていかないといけません。**人はすべてを持っているわけではありません。それぞれが、何かが足りないのです。そのないものを持っている同士が集まって、組織を作り上げていく。こうすることによって、弱いところが補強されていきます。

「総合力」という言葉がありますが、やはり強いチームはバランスがいい。私は高校時代にラグビーをやっていましたが、強いチームにはやはり総合力があった。攻撃力もある。

採用

ディフェンス力もある。スクラムも強い。

ところが、弱いチームは、何かが弱いのです。スクラムが弱い。パスが弱い。これでは、強くはなれない。

一般的には自分でメンバーを選べないと思いますが、**チームのメンバーを同じように役割で分けて考えてみる**ことが大切です。**足りない要素がもし見つかったら、誰かそうした素養がある人がいないかと探してみて、もしいたら任せてみる**のもいいでしょう。それがその人の新たな個性になり、思わぬ才能が開花するきっかけになるかもしれません。

37
「採用しなくてもいい」と思えるか。「その余裕」がいい採用につながる

こんな組織を作りたい、というイメージがあって、そのためにはこんな人がいてくれた

ら、という思いがあって、そのドンピシャの人に会えることがあります。この人は絶対に欲しい、という人です。

こういうときに、どうすればいいか。それは、「**欲しがらない**」ことです。追いかけない。追いかけたら逃げられます。

恋愛とまったく同じです。好きだ好きだ、と迫っていくと、相手はどんどん逃げていってしまう。人間の心理とは、そういうものです。

もちろん、まずはぜひ来てほしい、という態度で面接を進めていきます。ですが、面接が進み、会社や仕事の魅力を実感してもらって、**いい雰囲気になってきたら、私は一度、引く**ことにしています。

「いや、じっくりよく考えてみたほうがいいと思いますよ」

「つい先日も、○○社のトップセールスマンだった人を、お断りしたんです」

「やっぱり、やっていただくのは難しい気がします」

完全に断ったりはしませんが、急がせない。焦らせない。

「みんながみんな、成功できる仕事ではないですよ」

難しいのは、引くタイミングです。本人がやる気になって、気持ちが高まっているかど

採用

うかを判断したうえで、引かなければいけません。

私はたくさん面接をしてきたので、それがだんだんと見えるようになりました。次のアクションについて話がくる、というのが、一つのヒントです。

「今の会社は、いつ頃に辞表を出したらいいでしょうか」

「母のところに一度、話をしに行かないといけません」

こういう言葉が出てくると、**そろそろ引いてもいいかな、というサイン**です。**引き始めると、相手はぐっと身を乗り出してきます。**今度は、恋愛でいえば立場逆転です。追いかけられるほうになる。

そうなると、相手の気持ちはどんどん高まっていくのです。

こうして「引く」ことができるようになるには、一つ条件があります。

採用する立場として、焦っていない、ということです。どうしても人を採用しないといけない。なんとしてでも今月採らないといけない。こんな精神状態では、引くことは難しいでしょう。

そうなると、追いかけてしまう。だから、むしろ逃げられてしまいます。採れなくなってしまうのです。

重要なことは、しっかり**年間の採用計画を作っておく**こと。そして、**その予定通りに、採用の準備を推し進めていく**こと。やるべきことをきっちりやっていく、ということです。

所長時代は、四半期に2、3人の採用をしていました。そのために何をしていたのかというと、継続的な採用のための活動です。

これについては、過去の実績からデータがしっかりありました。**年間、何人に会っていれば、必ず何人は採用できる**、というデータです。

活動量は絶対に裏切りません。週に2、3回は会社説明会を開く。そこに4、5人を招く。これをずっと継続していく。すると、確実な採用につながっていくのです。

最もやってはいけないのは、なんとなく突然、動いて、なんとなく採用してしまうことです。これでは採用ミスが起こります。思うような組織も作ることはできない。

また、最後までなかなか採用できなくて、**採らなくてもいい人を、無理やりもう目をつぶって採ってしまったりすると、あとで大きな怪我**になります。

しっかりした計画と、それを確実に実践するための活動量。それが余裕を生み、間違いのない採用につながるのです。

38 100人に会い、「1人だけ」を採用する

プルデンシャル生命では、採用のための募集広告は禁止されていました。「**求職者は採用しない**」という方針だったからです。

では4、5人に会社説明会に来てもらうには、どうするか。直接、人を誘うか、あるいは誰かから紹介してもらうしかありません。

一つは、保険に加入いただいたお客さま。ライフプランナーとして可能性があるかな、と思えたら、まずはお会いします。ご本人が関心を持たれていなかったとしても、そこからまた紹介をいただいたりする。そこから、さらに紹介があることもあります。そんなふうにして、継続的に人に会い続ける。

ほかにも、経営者や弁護士、税理士、医師のお客さまのところには、いろんな営業の人

が集まってきています。証券会社、百貨店の外商、製薬会社……。普段から、こうしたお客さまとはコミュニケーションを交わしておいて、とても頑張っている人がいたりすると、ご紹介いただけるように伝えておきました。

また、自分の作りたい組織のイメージから、求めるタイプの人を決めておいて、そういう人がどういうところにいるかも意識して、その近くにいる人たち、お客さまであったり、友人知人だったりに声をかけていくこともありました。

「こういう方はいらっしゃいませんか」

「こんな人がいたら、是非一度、会って話をさせてください」

こうした活動をコツコツと継続していく。こまめに声をかけていく。そうやって、**とにかく会うことができる人をたくさん作っておく。**優秀な人に会う機会をできるだけたくさん用意しておくのです。

会って話をするところからスタートしますが、話す内容も、プルデンシャル生命では、ある程度、決まっていました。

簡単に言うと、今までの人生を振り返っていただきます。そのうえで、収入に満足しているか。仕事の内容に満足しているか。10年後どうなっていたいか。夢は何か、といったことを聞いていきます。

「プルデンシャル生命」という存在はわかっていて、しかも、生命保険のライフプランナーのことも知っている人がほとんどです。会ってもらっているということで、何らかの興味は絶対に持ってくださっていると思っています。

また、もっといい仕事、もっといい収入を、と考えている人も多い。それを考えていないとすれば、転職という選択肢はありません。逆にいえば、成長しようとか、自分をもっと高めていこう、という気持ちがなければ、ライフプランナーになってから厳しい。現状満足の人には、大きな成長は見込めないからです。

採用をする側の私がいつも気をつけていたのは、**第一印象**です。**こちら側が、相手からどう見られているか。**それは服装もそうですし、表情もそうですし、目線もそうです。私の印象が、プルデンシャル生命のライフプランナーの仕事の印象を決めてしまうからです。

各支社のオフィスで行う会社説明会では、プルデンシャル生命、ライフプランナーの仕事について、わかりやすく説明していきました。

プルデンシャルはどんな会社か。ライフプランナーはどんな仕事か。報酬はどのような制度になっているのか。どんな表彰制度があるか。実際にうまくいっている人はどんな人たちで、どんなふうになっているか。ここで興味を持ってもらえたら、面接に進みます。オフィスに来ていただく回数はかなりの数になります。だいたい5~7回。時間にすると、トータルで10時間くらいになると思います。それくらいの面談をやります。**だいたい100人に会って、採用に至る人は1人か2人**です。これだけの厳選採用をして、本当に優秀な人だけを採用する仕組みを確立していました。

39 仕事で成功する人には、「この共通点」がある

ライフプランナーは営業職になりますから、面接などではやはり第一印象が重要になるのではないか、と思われるかもしれません。

たしかに、この人なら第一印象でお客さまから信頼をもらえそうだな、という人もいます。

しかし、**印象だけでは評価しない**ようにしていました。見た目や話の上手さにだまされてはいけない、ということです。実際、だからといって、ライフプランナーになってからうまくいくのかというと、必ずしもそうではないからです。そうしたデータも残っていました。

大事なのは、やはり**人としての中身であり、マインドセット（心構え）**です。印象の良さは、ないよりはあったほうがいいと思いますが、絶対ではない。むしろ、営業職っぽくない人のほうが、信頼されやすかったりもします。

おしゃべりも上手ではなくて、ポツポツしか話せなかったりする。しかし、誠実さや一生懸命さは確実に相手に伝わります。**最終的に、お客さまに好印象を残すことができる**のです。

では、中身をどう見ていくか。大事なことは、**過去にその人が取ってきた行動以外は評価しない、というルール**です。どんな結果を出してきたのか、ということだけ評価する。

今の仕事で活躍できているか。重要なポジションを任されているか。何を考えて、どう行動して、どんな結果が出て、その結果は他の人に比べてどう良かったのか。それを聞いて、評価しないといけない。

それを面接を通じて、少しずつ引き出していきます。そうすることによって、もともと持っている力を理解していきます。

もう一つ大事なのは、働くモチベーションがどんなところにあるのか、ということです。**何のために働くのか、どうしてライフプランナーになりたいのか**、そこは必ず確認していました。一生懸命に働く理由、頑張らなければいけない理由がはっきりしている人は、やはり強いです。

たとえば、妹が重い障害を持っている。両親が年を取ってきて、もしものことがあったら、自分が妹を支えないといけない。だから、最低限このくらいの収入がなければいけない、という人がいました。

こんなケースもありました。お兄さんが突然、交通事故で亡くなった。お兄さんの子供2人を自分が引き取ることになった。自分の子供も2人いる。4人の子供を公平に大学まで出してあげたい。

こういう人たちは絶対に成功します。一生懸命に働かないといけない理由が明確に出ているからです。

逆に、なんとなく生きている、ということでは難しい。また、お金持ちになりたい、高級外車に乗りたい、みんなからうらやましがられたいなど、自分のことしか言わない、自分のことしか出てこない、という人はまずうまくいきません。

ラクして儲けたい、できれば働きたくない、とりあえずご飯さえ食べられればいい、というマインドの人も難しい。

もちろん、人生を変えるぞ、とやる気満々で入ってきて、頑張れる人もいます。ただ、また元に戻ってしまう人は多い。人間は誰でもモチベーションをずっと維持できるわけではない。

そのために、マネジャーはメンバーのモチベーションを鼓舞し続けなければいけないわけですが、もともとの本人のモチベーションの高さはやはり結果に大きな影響を及ぼすのです。

第7章

「人を育てる」ときに、大切なこと

40 メンバーを伸ばすには「2・6・2」で組織を考える

組織はよく「2・6・2」で分けられる、とは先にも書いたことです。できる人が2割、できない人が2割、そして中間が6割。このとき、どこを伸ばせば組織全体としての結果は伸びるのか、多くのマネジャーが間違えています。

図に書きましたが、アベレージを真ん中に取ると、組織は菱形で示すことができます。できる2割をAゾーン、できない2割をDゾーンとすると、中間の6割も「Aに近い層」と「Dに近い層」に分けられる。前者をBゾーン、後者をCゾーンとします。

ここで注目しておきたいのが、**組織全体の売り上げにおいて、それぞれのゾーンがどのくらいの割合を占めるか**、です。

プルデンシャル生命時代に実際にデータを取ったことがあります。**Aゾーンが約40%。**

「2・6・2の分布」と売り上げの関係

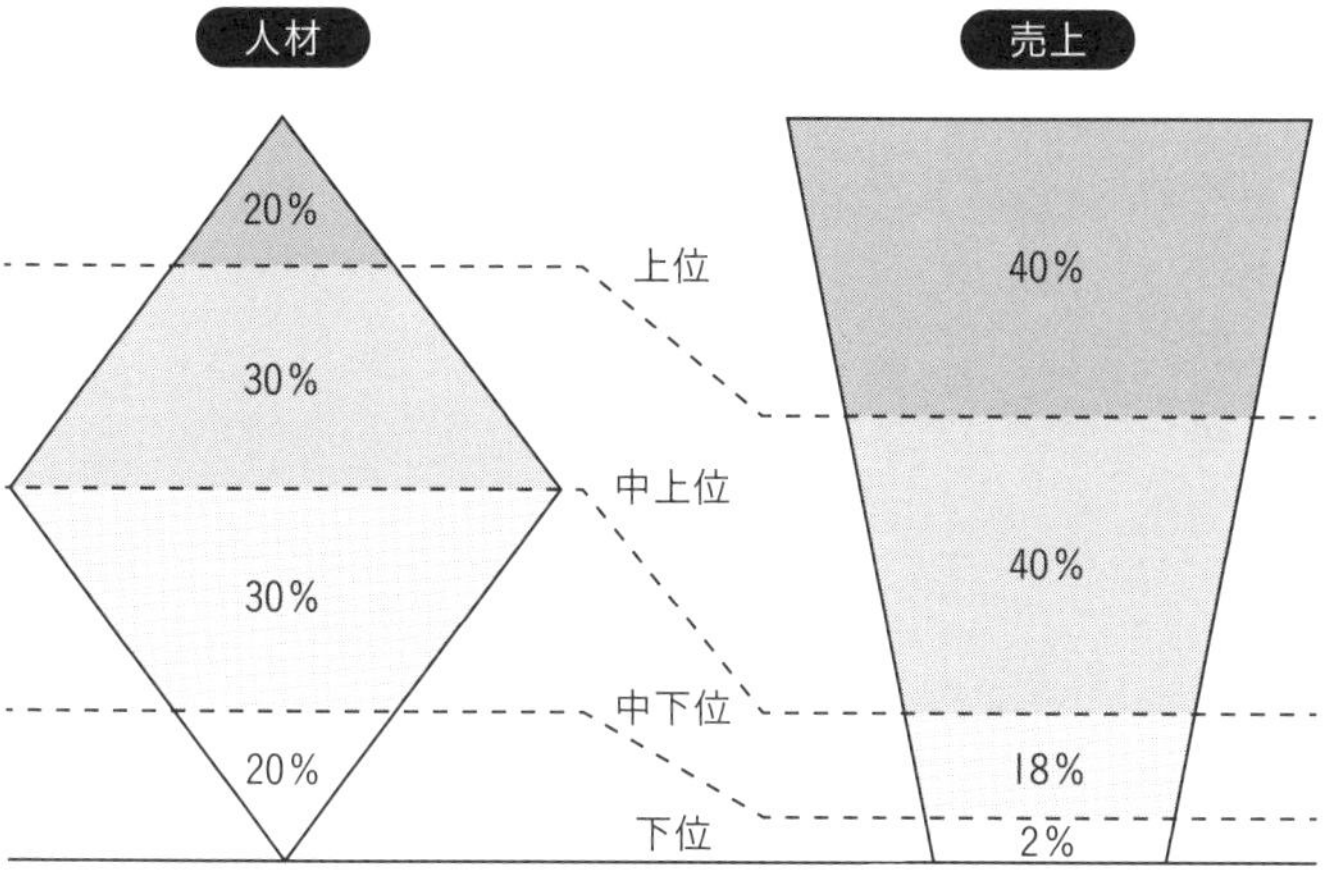

Bゾーンが約40%、Cゾーンが約18%、Dゾーンはわずか2%でした。これは、マネジャーはぜひ実際に自分の組織に置き換えてみてください。

では、この中でどこを伸ばしていくと組織は伸びていくのか。マネジャーが力を入れてトレーニングしたり、フォローしたりすべきなのは、どのゾーンなのか。

まず、**マネジャーが間違えてしまうのは、Aゾーンをサポートする**ことです。しかし、2割の人たちで、もうすでに40%もの役割を、組織の中で果たしているのです。これをさらに伸ばすというのは、そう簡単なことではありません。

次に、マネジャーが目をつけるのが、Dゾ

ーンのサポートです。できない人たちを、なんとか少しでもできるように持っていくことができないか、努力する。これには大きなパワーを割かれるのに、なかなかうまくいきません。

私もマネジャーになったころ、何とかチームの成績を伸ばそうとDゾーンのトレーニングに腐心しましたが、どうにもできなかった。自分のところに連絡があったお客さまを、譲ったりもしましたが、その場限りで終わりました。

しかも、よく数字を見るとある事実に気づきます。**このゾーンが組織全体の売り上げに占めているのは、わずか2％しかない**のです。マネジャーが奮闘して、Dゾーンの売り上げが飛躍的に伸びたとしましょう。

たとえば、2割伸びた。2割も伸びたら、さぞや組織には大きなインパクトを与えるのでは、と思ってしまいますが、実際には2％の2割ですから、0・4％でしかない。2％が2・4％になっただけなのです。

あんなに頑張ったのに、しかも**2割も伸ばしたのに、わずか0・4％でしかない**のです。

そこで私は、中間層に手をつけることにしたのです。

たとえば、**Bゾーンを同じく2割伸ばしたらどうなるでしょうか。**全体の40％の数字を

B、Dゾーンの20%アップの違い

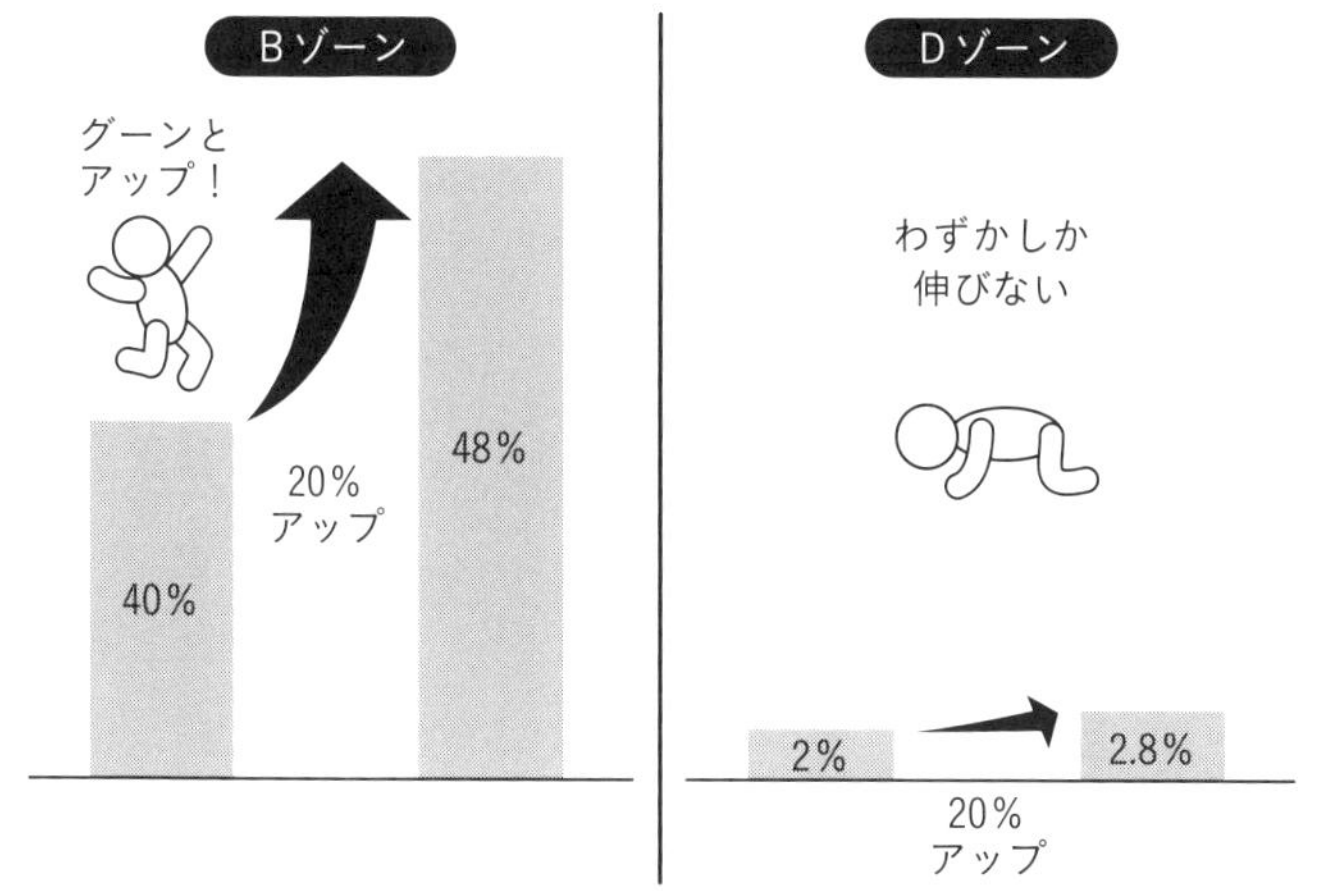

担っています。そうすると、48％。**実に8％の数字が伸びる**ことになるのです。仮に1割の伸びだったとしても、4％の数字の伸びになる。これは、Dゾーンをなんとか頑張って伸ばしたときの10倍の数字です。

しかもDゾーンのフォローに一生懸命になっていると、こぼれ落ちてくる人のフォローもできなくなります。Dゾーンには、Cゾーンからこぼれ落ちてくる。さらに、それなりのモチベーションのあったBゾーンからも、Cゾーンに落ちていく人が出てくる。

マネジャーがどこを一番フォローすべきか。もうおわかりだと思います。**Bゾーンであり、Cゾーンです。**ここにこそ、力を入れないといけない。そうすることで、組織全体の数字を最も上向かせることができます。

また、モチベーションを落として、一つ下のゾーンにこぼれ落ちるのも防げるようになる。

Dゾーンに対しては、管理は必要だと思います。しかし、あとは自己責任だという認識で私はいます。フォローもしない。研修もしない。悔しければ、Cゾーンまで上がってくればいいのです。そうすれば、フォローも研修もある。

このように、私はA、Dゾーンに時間をかけるのではなく、B、Cゾーンへ意識を向けることで、チームを強化してきました。

41 結果は2割増し、プロセスは「8割増し」で褒める

マネジャーがどういう人を褒めるのか。部下はそれをよく見ています。注意しなければ

いけないのは、売れる人だけ、結果が出る人だけ褒めてしまうことです。

それこそ「できる2割」の人たちばかり褒めるマネジャーがいます。もちろん、褒められて、うれしくない人はいません。しかし、実はマネジャーが褒めようが褒めまいが、この2割の人たちは頑張るし、目標達成をするのです。放っておいても、文句を言いながらもやる。それが、この「できる2割」なのです。


褒めてあげなければいけないのは、そのすぐ下にいる人たち、2・6・2の「中間の6割」の人たちです。この人たちは、結果が出たり出なかったりします。

私は、結果が出なくても褒めるようにしています。結果は出なかったわけですが、ギリギリまで努力していたはずです。**ここまでやろうとちゃんと約束した努力をした人に対しては、数字の結果は出せなかったかもしれないけれど、あなたの頑張りが、チーム全体に本当にいい影響を及ぼした、と褒めていました。**


それを言わないと、どうなるのか。

「頑張ったのに、なんだよ、あのマネジャー。結局は結果だけじゃねぇかよ」

「たまたまうまくいって結果が出ただけの人もいるのに」

「なんだ、これだったらプロセスをいちいち報告することはないな」

モチベーションはどんどん下がっていきます。よし、みんなで頑張るぞ、とマネジャーが言っても、こんなふうに思うようになる。

「フンッ。何を言ってんだ。どうせできたヤツだけ褒めるんでしょう」

組織の中でどんどん落ちていって、やがて組織を壊すような「テロリスト」になりかねないのです。

真面目に働いているか、プロセスをしっかり踏んでいるか。マネジャーが見ないといけないのは、ここです。結果を出したけれど、偶然が幸いしてあまり努力しなかった、という人よりも、**結果は出なかったけれど一生懸命やっていた、という人を褒めないといけないのです。**

それは、1人ひとりを見ていれば、絶対にわかります。わからないとすれば、人に関心がないマネジャーということだと思います。人に関心がない人は、マネジャーをやってはいけないと思います。

マネジャーが何を見て、誰を褒めているか、頑張っている人をどう評しているか、部下は本当によく見ています。

実体験として、こんなことがありました。当時55歳のライフプランナーでした。とても真面目に取り組んでいましたが、結果がなかなか出なかった。

ライフプランナーは多くが30、40代です。ミーティングでも、「行くぞ！」と盛り上がったりする。そんな中で、自分はその場にふさわしくないと思われたようでした。それで、退職の申し出を受けたのです。結果も出ないし、申し訳ない、と。

私は言いました。

「あなたは一生懸命仕事をされています。だから、やめないでほしい。あなたの働いている姿勢が重要なんです。むしろ結果を出しても真面目に働いていない人こそ、やめてほしいと思っている。真面目にやっているけれど結果が出ない人の数字が、だんだんと上がっていくという状況こそが、この会社、この支社にとって重要なんです」

こういう話はあっという間に社内に伝わります。**一生懸命やっているけれど、結果が出なかったことを周囲は見ていた。そういう人を、どう遇するか。これは、上司からのメッセージでもある**のです。追い出してしまうようだと、部下はついてきません。

マネジャーとして私が大事にしていたのは、**仕事に対する姿勢**でした。**とにかく真面目に働くこと。**私自身が真面目に働くことが好きだからです。

実際、メンバーに対しても、真面目に働くことの大切さをいつも言っていました。真面目にやることが大事なのです。それが、いつか必ず結果を生む。私はそう信じています。

育成

42

部下を「不公平」に扱え。それが、部下の成長につながる

マネジャーが直接受けた仕事、とりわけ**チャンスになるような仕事を部下に振る。**それはよくあることだと思いますが、ではどんな基準で振るのか。

プルデンシャル生命のマネジャー時代、私の知り合いから「保険に入りたいんだけど」と問い合わせを受けることがよくありました。

また、会社宛に「保険に入りたいのだが、話を聞かせてほしい」と電話を受けることもありました。

マネジャーの私は、保険は販売しません。一方で、お客さまのほうから「保険に入りたい」と問い合わせをされているくらいですから、申込みの確率はかなり高い可能性があります。

ライフプランナーにしてみれば、もし紹介してもらえたら、とてもありがたい案件になるでしょう。しかも、このお客さまを通じて、また別のお客さまへと広がりが作れるかもしれないのです。

こういうとき、マネジャーがついやってしまうのは、売れていない人間、もっといえば頑張っていない人間に紹介してしまうことです。

数字が取れていないみたいだから、取らせてやろう、みんな数字を出してやりたいから、そうすれば公平になるだろう、とばかりに親心で紹介してしまう。しかし、**こんなことをしても何の意味もありません。**

私がやっていたのは、誰よりも頑張っているライフプランナーに紹介することでした。

結果や数字はさておき、最もたくさんの活動量をこなしている人です。「みんなに公平に」という気はまったくありません。活動量が少ない、売れていない、頑張っていない人間には、むしろ絶対に紹介しない。

支社長時代は、部下になる3、4人の所長にも同じように不公平にしていました。所長には、ライフプランナーの採用という役割があります。これがなかなかのプレッシャーです。しっかり活動していないと、採用はそうそうできない。

私のところにはよく、「ライフプランナーとして、こんな人はどうか」という紹介が来ることがありました。そのとき、誰に紹介するか。

ぐるっと見回して、今、一番頑張っている所長は誰だろう、と考えます。そして、その人に紹介をしました。

もちろん、ライフプランナーに保険のお客さまを紹介するにせよ、所長に採用の候補者を紹介するにせよ、どうしてその人にしたのか、説明をしなければいけません。その説明責任はマネジャーにあります。

「今回、知り合いからこんな紹介の話がきました。**誰がどう見ても、彼が一番頑張って、一番努力して、一番こだわって仕事をしているので、彼に紹介します。**申し訳ないけど、私の目から見て、みなさんは彼ほど頑張っているようには思えない。だから、一番頑張っている彼に紹介をします。もし、私からの紹介が欲しかったら、もっと頑張ってください」

こんなふうにして、不平不満が上がったことは一度もありませんでした。

もしここで、**「あまり頑張っていないけど、かわいそうだから紹介することにした」なんてことになったら、メンバーはどう思うでしょうか。「なんだ、頑張らなくても紹介してもらえるんだ」**と思うでしょう。

こんなことをしていたら、組織はダメになります。公平なんて考えることはない。不公平でいいのです。

43 すべての基本は「活動量」と認識する

マネジャーとして、部下の成果を伸ばしていくために、何をすべきか。私が基本的な考え方に据えていたのは、**活動量こそが結果を生む**、という意識でした。やるべき活動量をきっちり維持していれば、必ず結果に結びついていく、ということです。

そのためにも、たとえば**入社したら、新しい習慣を形成させていく**ことを強く勧めていました。とりわけ、最初の3カ月は重要でした。ここで、自分の限界までやってみるのです。

スポーツのトレーニングでもそうですが、最初の3カ月に一気にやり切ってみる、というのは効果的です。ダラダラとやっていると、いつまで経ってもうまくならない。

大事なことは、**自分の限界を知る**ことです。自分はどこまでできるのか。どのくらい一生懸命やれば、どのくらいの結果が出るのか。それをまずは知る。限界がわからないまま仕事をしていると、加減もわからなくなるのです。

もちろん限界いっぱいいっぱいでは続けられませんから、少しペースを落として2カ月目、3カ月目と過ごす。そうすると3カ月で、おおよその働くパターンが見えてきます。

実際には、ライフプランナーの場合には、活動量が定められています。最初の1週間は20人に会う。次の週は15人に会う。そのためには、いつアポイントを取る必要があるか。何件、電話をしないといけないか。それこそ最初は、知人・友人を中心にアポイントを取るくらいしか仕事がありません。

そしてアポイントから、2回目のアポイントにつなげていく。紹介ももらって、またアポイントを取る。また、会って次のアポイントにつなげていく。こんなふうにして予定を作っていくと、どんどんスケジュールが埋まっていきます。

マネジャーは、どんな人に、何曜日に、どんな順番で、どういう人にアポイントを入れるべきかまで、細かくアドバイスします。過去の経験から、その方法論があるからです。

たとえば、最初は年上には行かない。社長にも行かない。上から目線で見られるからです。

大事なことは、まずは自信をつけること。自信がつく相手を選ぶ。これからやっていけるぞ、と思えるような状況を作る。

決められた活動量さえこなせば、1人1時間のアポイントとしても、かなりギッシリ入るようになります。

そして、**すぐに保険契約につながりそうか、といったことは考えない**ことです。ベースはあくまで、活動量です。人に会う数です。どれだけきちんと会えるか。どれだけしっかりアポイントをこなしていくか。それを体感してもらうのです。

なぜかといえば、**活動量こそが結果につながる**からです。その活動の流れをしっかりつかむための3カ月であり、習慣化なのです。

実際、ある一定の人数に会えば、必ず一定の数の申込みをいただくことができます。それはデータにも出ていました。

実のところ、**結果をコントロールすることは誰にもできません。**どんなに結果が欲しかったとしても、自分が思うようにはいかないのです。なぜなら、申込みをされるのは、お客さまだからです。お客さまをコントロールすることはできません。だから、結果をコントロールすることはできないのです。

しかし、**活動量をコントロールすることはできます。**たくさんの活動をしていれば、それだけ申込みの可能性は高まる。逆に、活動量が少なければ、申込みのチャンスは減ります。

運良く次々に申込みがもらえるようなことも、時にはあるかもしれません。それで結果が出るかもしれない。しかし、それでは長続きはしないのです。継続性がなければ、意味がありません。

そのためには、目標から逆算して活動量にブレイクダウンしていく。1年から半年、1カ月、1週間と、結果の数字ではなく、活動量を落とし込んでいく。

もちろん、これは簡単なことではありません。でも、「夢」が明確になっているから、今日、何をするかが未来のゴールにつながっていることがわかるから、苦しいときに挫折しない。

育成

44

練習しない人は成長しない。練習する環境を作れ

私はロールプレイを大切にしていました。週の中で、どのくらいロールプレイをしているか。それも大切な活動だと考えていました。

ロールプレイは、マネジャーがお客さま役になり、ライフプランナーと擬似的に商談をする取り組みです。 最初の挨拶から始まって、保険の説明、申込書をいただく、さらには新たなお客さまをご紹介いただくところまで、一連の流れを実際にやってみるのです。

言ってみれば、お客さまとの実際のやりとりをする「練習」です。どんなに知識を得ていても、お客さまの前でそれがうまく伝えられなければ意味がありません。そこで、実際に練習をするのです。

このロールプレイを、プルデンシャル生命ではとても大切にしていました。この**ロール**

プレイを活動としてしっかりやっていればいるほど、結果が出ていく、というデータも出ていました。

新人ライフプランナーともなれば、昼も夜も、時間があれば毎日のようにやります。一回あたり30分。ちょっと時間を見つけるとロールプレイをやる。

しかし、ローププレイに取り組むのは新人だけではありません。全員がやります。ベテランもやる。ロールプレイをすることが、結果に結びつくことを知っているからです。

ロールプレイは、こんなふうにやります。

ライフプランナーは、いろいろなお客さまに接することになります。どんな質問や反応が飛び出してくるかもわかりません。そこで対応できなければ、信頼がつかめないこともある。

そこでマネジャーがお客さま役になり、その場その場でいろいろな対応をライフプランナーに求めていく。これに対応することで、ライフプランナーは鍛えられていくのです。

「いい大人がロールプレイなんて。練習なんて」

そう思う人もいるかもしれませんが、どこの世界でもプロは必ず練習します。

素振りもしない、筋トレもしないプロ野球選手がいるでしょうか。いきなり試合にだけ出て、ヒットやホームランを打っている選手はいるでしょうか。

舞台に出る前に練習しないで出ていく舞台女優がいるでしょうか。プロのピアニストがいるでしょうか。

プロは必ず練習するのです。どうしてビジネスパーソンだけは、仕事をするのに練習をしなくてもよいという話になるのでしょうか。それこそ練習もしないのに、うまくいくはずがないのです。

そのために私は、練習を習慣化するように持っていきました。練習したら結果が出る、ということを部下にしっかり意識させた。そうすれば、部下は進んで練習をしたくなる。ロールプレイをしたくなります。

45

指摘は一切しない。自分で気づくまで、一緒に考える

育成

ロールプレイを含めて、マネジャーが部下に仕事のやり方を指導するときに、気をつけなければいけないことがあります。それは、**マネジャーは「指摘をしない」**ということ。そして、**お客さま役は必ずマネジャーが務めて、「メンバー同士ではやらせない」こと**です。

ロールプレイでお客さま役をやっていると、とりわけ新人などは、たどたどしいものがあります。それは当たり前のことです。練習がまだまだ足りないのですから。

マネジャーはイライラするかもしれませんが、それを表に出してはいけません。下手くそだな、と思っても、いいところを見つけて褒める。自信を持たせていくことが大切なのです。そうすると、どんどんうまくなっていきます。

新人にありがちなのは、どうしても話が長くなってしまうことです。あれも言いたい、これも言いたい、となる。それを、練習で削ぎ落としていく。

30分かかっていたのが、20分で済むようになる。お客さまが長いと感じている、ということに気づけるようになる。お客さまの表情が見られるようになる。

ただ、**細かな指摘はしません。**多くの人は指摘をされたくないし、受け入れられないからです。もしこのとき、自分が気づいて言うのではなく、誰かに同じことを言われたりすると、人は意外にムカッとするものです。

では、どうするのかというと、**自分で気づかせる**のです。

そのために、少し慣れてきたらビデオを撮ります。お客さま役のマネジャーの肩越しにビデオを置いて、どんなふうに商談をしているか、お客さまの目線で映像を撮るのです。

そして、それをロールプレイが終わった後、一緒に見ます。このときも、マネジャーは指摘はしません。自分がどんなふうにトークをしているか、本人は初めて見ると驚きます。

話すときのクセだったり、目線の向きだったり、首の傾きだったり……。ビデオを見ていると、そういう自分のおかしさに自分で気づいていきます。

マネジャーが言うのは、「どうだった?」だけです。そうすれば、お客さま目線で、反省点が出てきます。「表情堅いですね」「早口過ぎますね」「強引ですね」……。

ただ、より自分の気づきを深める方法はあると思っていました。ビデオの中の人物を「あの人」と呼ぶのです。

「あの人が来たら、どう思う?」「あの人から保険に入るかな?」「あの人のどこに問題があると感じた?」

マネジャーが指摘せずに、気づいてほしいところを伝える。気づきがより深まる方法です。そして、ものすごく売れている先輩のビデオを見せて、それと自分のビデオを見比べ

育成

る、というのも有効です。

気をつけたいのは、**勝手にメンバー同士でロールプレイをさせない**、ということです。みんながロールプレイをしているような環境の中でなければ、新人は育っていかないと思っていましたし、実際にそうでした。

でも、とりわけ、新人や経験の浅い人と先輩のマッチングはよくない。ともすれば、先輩が意地悪をしかねないからです。ものすごく難しいお客さまの役をやってしまったりもする。そうすると、自信を失い、練習が嫌いになってしまうのです。

だから、マネジャーが相手役をやることが大切です。しかも、あまり難易度を高くせずスタートする。自信を持たせながら、練習で力を上げられるようにする。それも、マネジャーだからできる、役割です。

第8章

落ちこぼれたチームはこう「再建」する

46
組織を変えられるのは、マネジャーだけ

支社長として新宿支社を立ち上げて2年目。私は当時のプルデンシャル生命の社長、坂口さんから「仙台支社を立て直してほしい」という依頼を受けました。支社長が辞職してしまったのですが、支社の成績はどん底でした。最下位だったか、ブービーだったか、記憶がおぼろげなのですが、どちらかだったと思います。

どうして立て直し役が私だったのか、理由はいろいろあったと思いますが、私には一つ心あたりがありました。支社長研修をしたとき、辞職してしまった仙台支社長と同じグループになったことがあったのです。

私よりも二回りも年齢が上の支社長。人生の大先輩でした。しかし、前向きなディスカ

ッションをしなければいけない場で、支社長から出てきた話は決して前向きなものではありませんでした。

「そもそもライフプランナーはフルコミッションで仕事をしている。自分が頑張れば稼げるし、頑張らなければ稼げないだけのこと。結果が出ないのは、自己責任。支社長として何かをしようなどと考えなくていい。放っておけばいい」

私は支社長になって1年目。若くて気持ちも熱かった。この言葉にカチンときたのでした。

振り返れば大人げなかったのですが、このとき私はこの仙台支社長に食ってかかりました。

「あなたの言っていることはおかしい。そんなことは絶対にない。マネジャーの頑張りが、メンバーの結果に大きく影響するのだ」

当時、仙台支社の成績は沈んでいました。

その仙台支社長が退職したのは、それからしばらく経った翌年のことでした。啖呵《たんか》を切って支社長に食ってかかったのは、私です。だったら、お前がやってみろ、ということだったのだと思います。

仙台に赴任して、本当にびっくりしました。**売れている支社と売れていない支社とは、こんなにも違うのか、**と。

オフィスに入った途端、雰囲気がものすごく暗いのです。もしかして天井の電気が切れているんじゃないか、と思うくらいでした。だから、ライフプランナーの顔を見るまでもなく、オフィスに入った瞬間、売れていないことが、私にはわかってしまった。

そして、1人ひとりと顔を合わせることになりましたが、本当に覇気がなかった。元気もなければ、自信もない。これはなんとかしなければいけない、と強く思いました。

社長の坂口さんからは、3年で立て直しをしてほしいと言われていました。私もさすがに「1年くらいでは、この組織は立ち直らない。これは大変なことになったぞ」とも思いました。また、支社長も業績比例の報酬だったので、私の収入も3分の1になり、公私共に崖っぷちに立たされました。

ただ一方で、いま振り返ると、**ダメな支社を引き継ぐのはチャンス**だったのではないか、とも思います。

もし、大変な好成績の支社を引き継ぐことになったら、これは大いなるプレッシャーです。成績が落ちれば、マネジャーの責任が当然、問われるでしょう。しかも、うまくいってきた、それまでのやり方があるわけですから、そうそう変えるわけにもいかない。

自分流でこんなことをやりたい、なんてことを考えていたとしても、メンバーからは「要らない」と言われてしまうかもしれない。やりたいようにできないのです。

実際、私が残してきた新宿支社は、チャンピオンを競っていたような支社でした。私の後任の支社長は、とても大きなプレッシャーがかかったはずです。

一方の私が担うことになったのは、もう落ちるところまで落ちている支社なのです。これ以上、落ちようがない。こうなれば、自分の思うようにやるしかありません。そして結果を出していけばいい。いたって、シンプルなのです。

そして実際、この**仙台支社は、わずか10カ月で全国トップを競うまでになります。なんと10カ月で立ち直ってしまった**のです。組織は、変われるのです。それができるのは、マネジャーだけです。

47

「現状把握」から
すべてが始まる

組織の再建に限らず、何か新しいミッションが発生したら、「何をやるか」を考える前に、「**現状把握**」をしなければなりません。新しくこれをやりたい、あれをやりたい、と思うわけですが、新しい組織なり、新しいプロジェクトが何を求められているのかを、理解する必要があります。

多くの場合、**ミッションの背景には何か問題があります。** 問題があるところに行くわけですから、**マネジャーはしっかりその理由をわかっていなければいけない**のです。

もうずいぶん前になりましたが、『南極物語』という映画がありました。南極観測隊の苦難と犬たちの姿を描いたこの映画が、実は再建にあたっての私の一つのヒントになりました。

映画では当初、犬ぞりがなかなかうまく走りませんでした。そこで、どうしてうまく走れないのか、立ち止まって考えることになりました。わかったことは、一匹一匹の犬の性格が違う、ということでした。

そこで、走る犬の並び方をすべて変えたのです。リーダーシップのある犬、気の弱い犬、まわりを見ながら行く犬……。10匹の犬の性格を理解し、性格に応じて、その犬に合う順番に並び替えた瞬間に、犬ぞりは勢いよく走り始めたのです。

仙台支社に来たとき、まず**私は全体を把握しよう**と考えました。どういう状態にあるのか、理解する。

このときに必要になるのが、**数字**です。全体でどれだけの数字が上がっているのか、1人ひとりの数字はどうか、細かな数字を全部、見ていきました。どの営業所がどんな傾向にあるのか、どんな商品が得意か、何が売れていないのか、数字を見れば、仮説を立てることができます。

一方で、支社長の下にいた5人の営業所長に、自分の営業所の現状、支社の現状をどう見ているか、どんなことが問題で、それをどう解決できるのか、**面談の前にレポート**を出してほしいとお願いしました。

そのレポートと数字を見比べれば、正直に書いているのか、そうでないのかはよくわかります。また、マネジャーの力量もはっきりわかります。

実際、まったく現状把握もできていないし、状況も理解できていないと思わざるを得ないマネジャーもいました。5人中2人がそうでした。3人は数字はダメでしたが、原因と対策の考え方は合っていました。

そこで1人ずつ呼んで、1対1で話をしました。1人はマネジャーではなく、別の仕事のほうが向いていると判断しました。

オフィスクラークにも話を聞きました。実はこの人たちが一番客観的に見ている。誰と誰は昔お金の貸し借りで揉めたとか、定性的な情報が手に入る。その情報と、数字を付け合わせてみると、見事に通じ合っていて、仮説の正しさを証明してくれます。

こうして私は客観的に分析した情報をもとに、残った4人で支社の現状と、それについて何をしていくべきか、真剣に話し合いを持ち、問題の現状把握をすることができました。

48 組織をシャッフルし、「ダメな空気」を抜き切る

マネジャー4人での話し合いでは、ライフプランナー1人ひとりについて、全員から意見を聞きました。この人はどんな課題を抱えているのか。どんなふうにするべきか。

再建

マネジャーが自分の部下だけを見ている、という組織もありますが、私はこんなふうに支社全体で複数のマネジャーと1人ひとりについてディスカッションする取り組みをよく行っていました。

そうすると、面白いことが見えてきます。あるライフプランナーについて、直属のAマネジャーと隣のBマネジャーでは、評価がまるで違ったりすることがあるのです。

「この人はちょっと厳しい。真面目に働いてくれない」

「いや、そんなことはないですよ。彼は本当は力がある。潜在力は絶対にあると思う」

こういうことを支社長として、しっかり聞いてメモしておきました。

大事なことは、**マネジャーが期待していないところにメンバーを置いておいても、伸びることは決してない**、ということです。だから、期待をしているマネジャーの下に移しました。Aマネジャーは無理だと言っているわけですから、そこで成長できるはずがない。ところが、Bマネジャーは期待しているわけですから、移してあげればいいのです。こうして、組織をシャッフルしました。

人間には、合う、合わないがあります。**できれば合う人と一緒に仕事をしたほうがいい。**

ただ、プルデンシャルでは、あまりシャッフルはしませんでした。自分で採用した人は、自分で育成することが基本だからです。

しかし、どん底まで沈んでいた仙台支社では、そんなきれい事は言っていられなかったのです。

マネジャーとのミーティングを済ませると、次はライフプランナー1人ひとりと直接、面談しました。ひとまずは現状を知りたかったからです。

話を聞いてわかったことは、**信頼関係が崩れていた**ことでした。とにかく、他のメンバーの悪口や噂話が次々に飛び出してくるのです。誰と誰が仲が悪い、お金の貸し借りで揉めている、採用したのにケンカばかり……。それこそ、人間関係はグシャグシャになっていました。

私は全員と面談を終えると、マネジメントのスローガンを決めました。

「信頼」

結局、前任の支社長が組織全体として何をやろうとするのか、はっきりと伝えていなかったのだと思いました。

私が伝えたのは、とにかく全員信頼している、という言葉でした。当時55人のメンバーがいましたが、支社長の私と、4人の所長とオフィスクラーク、5人全員でみんなを成功

再建

させる、というシンプルなメッセージを伝えました。

そして、もう一つ行ったことが、**営業所の垣根をなくす**ことでした。支社は営業所長を中心にグループで机が固まって置かれていましたが、私はこの配置もやめました。グループの枠を越えてバラバラに座らせることにしたのです。

営業所は、どうしても所長同士で競ってしまいます。そうすると、「隣の営業所の人間としゃべるな」なんてことが起こる。情報を共有したほうが絶対にいいのに、それができない。そうではなくて、所属は所属である一方、**マネジャー全員で全員をサポートする。**こういう方針に変えたのです。全員で同じ方向に向かっていくときには、誰に話しかけたっていい。もっとオープンに、自由にやる。

この体制のメリットが象徴的に現れるのが、新人が入ったときです。組織は新人が売れないと活性化しません。だから、全員で新人を応援するような空気を作ることに意味が出てくる。実際には、席をシャッフルするときに、面倒見のいい先輩で新人を囲むようにしました。自分さえ良ければいい、というタイプの人は新人の近くには座らせないようにしました。

しばらくは新人が入るたびに席替えをして、環境を変えていました。

再建

49

部下の成長のために、あえて「見捨てる」

空気の入れ替えと合わせて進めたのが、トレーニングのやり方です。**全員一律のトレーニングはやらない。**トレーニングのために、チームを分けました。

具体的には、売れているチームから、Aゾーン、Bゾーン、Cゾーン、Dゾーン。これは数字ではっきり区分けします。

組織の構造は「2・6・2」とは先にも書いた話ですが、苦しい状況に陥っている組織というのは、キュッと締まった「2・6・2」にはなりません。もっと下ぶくれになって、「1・2・7」みたいになっているのです。

これをまずは、キュッと締まった卵形に変えなければいけません。そのために取り組んだのが、**トレーニングのために成績順でAゾーン、Bゾーン、Cゾーン、Dゾーンに分けること**でした。

仙台支社の「1・2・7」を、**A、B、C、Dで「2・3・3・2」くらいに配分**しました。どうして4つに分けたのかといえば、最も伸びる層を伸ばしたかったからです。「2・6・2」の場合は、「6」を伸ばすことになるわけですが、下ぶくれしていますから「6」が下に寄って大きくなっている。

ならばと、**Bゾーンの「3」を伸ばす**ことを考えたのです。ここは、ちょっとしたヒントで伸びる。

そして**Cゾーンには、Dゾーンにこぼれ落ちていかないようなフォロー**をしました。同時に、Bゾーンに上がっていくようにする。

やってはいけないのは、先にも書いたように、Dゾーンが心配だからと、ここに力をかけてしまうことです。Dゾーンの人たちは、一番苦しんでいるように見えるのですが、私から言わせると、そんなふうに見せるのがうまいだけなのです。

だから、集中的にBゾーンをサポートし、研修でも最も力を入れるようにしました。そして次にCゾーンをサポートする。**公平ではないかもしれませんが、それは仕方がない。**もしDゾーンが不満なら、Bゾーンまで頑張って上がってくればいい。そうすれば、トレーニングを受けることができるのです。

一方で、Dゾーンを完全に放ったらかしにすることは、お勧めできません。ここはきちんと管理をしておかないといけない。組織の雰囲気が悪くなるからです。

ネガティブな人たちは、どうしてもネガティブな人たちで集まりたがります。そして、その集まりに引きずり込もうとしたり、そこから抜け出せないような空気を作ったりする。

Dゾーンではたった一つ。わずかな数だが、ここにも「**原石**」が眠っている、と信じることです。売れていないけれど、本気でもがき苦しんでいる。**ファイティング・ポーズを**

再建

取ろうとする人がいる。

そういう人を見つけたら、**この人には集中的なサポートをして、一気に伸ばしきってしまいます。**これが、組織のムードを変えていくうえで大きな効果をもたらします。

これはDゾーンに限らず、ですが、人間は仲間から外れていくのが怖いのです。みんながやっていないから、自分もやっていないことが正当化される。ところが、そこからいきなり売れる人が出てきて変わったりすると大きな危機感を持つことになります。

Dゾーンの全員を変えることはなかなか難しいですが、**ちょっと光っている原石を見つけて変えていく**ことはできます。そこに集中的に取り組むのです。

そしてDゾーンからAゾーンに一気に駆け上がったりする人が出たりすると、職場のムードは一変します。何かが変わったぞ、自分にもできるのではないか、やればいけるんじゃないか、という雰囲気が作られていくのです。

実際、仙台支社では、これが起きたのです。

50

どんなに「どん底にいる人」も、必ず這い上がれる

私が仙台支社にやってきて10カ月、本当に奇跡のような出来事が起こりました。おそらくプルデンシャル生命の歴史でも、こんなことは過去になかったのではないかと思います。**ほとんどどん底に沈んでいた1人のライフプランナーが、いきなり全国トップに躍り出て、チャンピオンになったのです。**

彼は入社して7年目でした。30代半ば。残念ながらうまくいっていませんでした。売れないために、あまり活動もしなくなり、売り上げも低迷。収入も当時の最低賃金レベルまで落ち込んでいました。全国ランキングでは、８８８位。当時は、全体で１０００人しかおらず、しかも２００人くらいは入ったばかりの新人ですから、**実質的に最下位**です。これは本当の話です。

再建

私が行ったゾーン分けでは、明らかにＤゾーン、むしろＥゾーン。**しかし、私は原石だと感じました。初めて会ったとき、ファイティング・ポーズを示してくれた**からです。そしてそこには、びっくりするような理由がありました。

彼は一番の親友を、私が仙台に来る直前に亡くしていました。その親友の名前が「ヤギマサミ」。漢字は違いましたが、なんと私と同姓同名だったのです。

親友が亡くなった直後に、同姓同名の支社長がやってきた。彼が仰天したのは言うまでもありませんが、もう一つ、彼には思うところがあったのでした。

親友でありながら、生命保険を勧めていなかったのです。結婚して保険に入らなければいけなかったのに、経済状況を勝手に推しはかってしまった。保険加入を言い出せなかったのです。

そんな親友が突然、亡くなってしまった。生命保険に入っていれば、残された家族も経済的に苦労しなかったかもしれません。しかし、保険には入っていなかったのです。親友が、保険のライフプランナーだったにもかかわらず、です。

彼はとても後悔していました。どうしてあのとき、保険を勧めなかったのか、と。

そんなことがあったときに、同姓同名の支社長がやってきたわけです。

彼は、親友が生き返ってメッセージを伝えに来たのだ、と思ったそうです。今度は保険をちゃんと、たくさんの人に売れ、と。これで保険を売らなかったら、お前は人間終わりだ、と。

最初の面談のときに、この話を聞いて以来、彼の目の色が変わったのがわかりました。

「これだけやります」と、目標を宣言すると、コツコツと取り組みを始めました。困ったときはどうすればいいか、どんどん質問にもやってきました。

みるみる成績が上がっていきました。そうすると今度はまわりにも発破《はっぱ》をかけ始めました。

「オレがやろうと言ったんだから、みんなもやろうよ」

「できる件数、じゃなくて、やりたい数字を言おう」

彼は後に、今年はやる気になっている自分が、起爆剤となって営業所、支社の役に立ちたいという気持ちがあった、と語ってくれました。

高い目標を掲げましたから、成績は少しは上がりましたが、そうはいっても、なかなか理想の形にはなりません。しかし、とうとう週の目標を初めて達成する日がやってきました。このときは、支社のメンバーが次々に彼の下に駆け寄って「おめでとう」「よくやっ

再建

た」と声をかけてくれました。

興味深かったのは、**彼の頑張りで一番火が付きにくいDゾーンに火が付いた**ことです。刺激を受けて、Cゾーンはもちろん、BゾーンもAゾーンも、みんな頑張り始めた。

そしてとうとう年間1位に。888位からの社長杯チャンピオン。チャンピオンだけが着られる赤いジャケットを着て、社長杯の場でスピーチをしたのです。

夢のような話ですが、彼は本当に頑張りました。それをまわりのみんなが応援しました。誰が見てもわかるくらいに、人が変わったからです。

私が何より感動したのは、彼のチャンピオンスピーチを聞きたいから、とまわりのみんなも入賞しようと必死になって頑張り始めたことです。なんとしてでも、彼のスピーチを聞きたい、と。そして驚くべきことに、他のメンバーも次々に入賞しました。なんと、支社の4割ほどが社長杯入りしたのです。

表彰式のとき、壇上に立った彼の姿を見て、みんなが男泣きに泣いていました。やれば、できる。人は、変われる。それを証明した姿がありました。素晴らしい光景でした。私も感無量の瞬間でした。あり得ないことが起きた、と思いました。

もちろん、私もマネジャーとして彼がモチベーションを維持し、頑張り抜く姿を応援しました。マネジャーにはそうした役割もあります。

再建

51

当たり前のことを飽きずにやり続ける

仙台のDゾーンからの奇跡のチャンピオン。彼が仙台支社を大きく変えたのは、間違いないと思います。

彼自身、見た目も変わりましたし、雰囲気もすっかり変わりました。私が強く意識したのは、そのままの勢いをさらに加速させるために私に何ができるのか、でした。

初心に戻ったトレーニング、ロールプレイに始まり、**全面的にバックアップ**しました。毎週のミーティングでは、**彼をいつも褒めました。**

それだけではなくて、**どんな経緯で、どんなふうに申込みに至ったか、その説明を全員の前でしてもらうようにしました。**スポットライトをもっともっと強く当てるようにしたのです。もう今さら、落ちることはできないように。

そうすると、どんどん輝いていくのがわかりました。褒められ、みんなに称賛されて、うれしくない人はいません。これが、ますます彼を輝かせた。

これが、Dゾーンからの頑張りだった、ということがチームにとって大きな意味を持ちました。これまで売れていたAゾーンやBゾーンの人たちが売れても、それほど響くものではないのです。

Dゾーンは Dゾーン、仲間同士で傷をなめ合っていればいい、なんて空気はなかなか変わるものではない。

ところが、Dゾーンからいきなりの躍進です。もしかしたら、自分も彼のようになれるかもしれない、と思った人も少なくなかった。実際に、それを実現させている人が目の前にいるわけですから。

そして、自分も彼のようにもうちょっと真面目に働かないといけない、と思うようになっていったのです。これが、組織を強くするのです。

888位から全国1位になった彼は、インタビューでこんな言葉を残しています。

「確実に業績を上げるには、一つひとつ、こつこつとやり続けるしかない」

私がこのとき改めて痛感したのは、**売れていないのは、やるべきことをしっかりやっていないから**、ということでした。やるべきことをコツコツと続ければ、必ず売れるのです。

売れている人と売れていない人の違いが、そこにありました。もっといえば、以前の彼とそのときの彼との違いです。やるべきことを、しっかりやった、ということです。

電話をして、お客さまに保険の話をしに行く。わからないことがあれば、マネジャーに聞く。私もよく聞かれました。

「こういうケースでは、どんなふうにしたらいいですか」

再建

私が返すのは、当たり前のことだけです。しかし、**当たり前のことを言ってもらうことが、意外に重要**なのです。奇抜なことなど必要ない。当たり前のことを当たり前でないくらいにやり続ければ、結果は必ず出るからです。

保険のセールスでも、いろいろテクニカルな方法があります。ベテランになり、知恵もついてくれば、そういうことを考えて売っている人も確かにいる。

しかし、結局、生命保険というのは、亡くなったときに保険金が支払われる、という極めてシンプルな商品です。このシンプルな商品を販売することこそが、「王道」なのです。

小手先のテクニックのような話ではなく、保険の王道を忘れずに設計して、お客さまにしっかり説明すればいいのです。正面からドアを叩いて、まっすぐに伝えればいいのです。

もう保険にはみんな入っている、と思い込んでいる人もいます。大事なことは、納得して入ったか、内容をちゃんと理解して入ったか、です。ほとんどの場合はわかっていない。誰かに頼まれて入っていたりする。それで何かあったときに、家族を守れますか、保障は大丈夫ですか、という話なのです。

特別なことは要りません。やるべきことをしっかりやっていれば、結果は必ず出るのです。それを疑わずにやり続けられるか。それこそが、問われるのです。

第9章

自分を「磨き続ける」

52 部下の成功を心から応援できるか？

今思うのは、マネジャーは出世したり、お金を儲けるために目指すものではなく、**人間性を磨くための場**だということです。

「30代、40代になったら、自分のためではなく、人のために働けないといけない」

30歳までは自分のためでもいい。でも、40歳になってまだ自分のためだけに仕事をしていたら、50歳になったときに後悔すると今では思います。自分勝手な行いは若いころは可愛げがありますが、年を重ねてくると醜さが目立ってしまう。そうではなく、年齢に合わせて、徐々に利他の精神で行動することが世の中を幸せにし、ひいては自分の人生を豊かに、幸せなものにしてくれるのです。

私はプルデンシャル生命に、ライフプランナーとして入社しました。保険を売るのはとてもやり甲斐があり、結果的に2年目には全国1位になることができました。

世界大会に招かれたときの衝撃は、今もよく覚えています。会場となったハワイに向かう飛行機は、一緒に招かれた家族全員が人生初のビジネスクラスでした。空港にはリムジンが迎えに来ており、宿泊先はスイートルーム。

母も一緒に連れて行きましたが、豆鉄砲に打たれたような顔をしていました。転職するときには、家族全員で大反対をしていたのです。晴れの舞台に連れて行くことができて、もちろん私もうれしかった。そして、こんな映画みたいな世界があるのか、と驚きました。

マネジャーにならないか、と声をかけられたとき、迷ったのも事実です。ライフプランナーとしての収入ややりがいに満足していましたし、表彰される醍醐味も知っていました。しかし、**振り返ってみれば、マネジャーになって良かった**と思っています。

同じ表彰されるにも、組織を率いたときの喜びのほうが、個人でチャンピオンになる喜びよりも、圧倒的に大きかったからです。一緒に働いてきたメンバーや、私が直接、採用した人がステージに上がっているのを下から見るほうが、断然うれしいと思いました。いろいろな思いとともに、感情がわき上がっていきました。

マネジャーになって、私自身が支社長や所長としてチャンピオンになった経験はありません。しかし、支社の中からチャンピオンを輩出したり、配下の所長をマネジャーとしてのチャンピオンにしたりしました。また、支社全員で入賞したこともあります。

マネジャーになってからは、自分がステージの上に上がるのではなく、メンバーをステージに上げるのが重要だと思うようになりました。本当にそう思っていました。だから、それを実現させることは、本当にうれしかった。

自分のことは二の次。それよりも、自分が育てた部下を、同じような気持ちにしてあげたかったのです。

おかげさまで、こうして何度も社長杯に行くことができたわけですが、その表彰式では、世界から成功者が集まってスピーチをしました。それを聞いて、だんだんと私が実感していったのは、**どうやらみんな同じことを言おうとしているな、**ということでした。

それは、1人の成功を追い求めるよりも、より多くの人と成功を分かち合うことのほうが、圧倒的に幸せだ、ということです。

先に、目標とビジョンと夢は違う、と書きましたが、多くの成功者が目指していたのは、具体的な目標というよりは、抽象的な概念でした。部下に成功してほしい。家族が幸せになってほしい。お客さまの役に立ちたい。世の中に貢献したい……。

もちろん、最初から誰でもそんな気持ちになれるわけではないと思います。お金持ちになりたい。高級車が欲しい。時計が欲しい。そんな物質的な目標を考えるものです。

しかし、プルデンシャル生命で長く成功している人たちはそうではなかった。社長杯の表彰式でスピーチを聞くと、そういうことを言う人はいないのです。最終的には、目指すものは情緒的、感情的なものに結実していくのです。それが、目標やビジョンや夢の先にあるもの、自己実現に、つながっていくものだと思いました。

もちろんお金や物質的なモチベーションもあっていいと思います。それで一度、突き抜けてみることも大事だと思います。しかし、お金や出世だけでは絶対に続かない。10年は続くけれど、それ以上は続かない。

誰かのために、世の中のために、というお金で買えない情緒的、感情的なモチベーションを持っている人のほうが、はるかに結果を出していたのです。

53 すべてを前向きに考えられる人は、必ず人生うまくいく

マネジャーとしてうまくいく人もたくさん見てきましたが、うまくいかない人もたくさん見てきました。**うまくいかないマネジャーの共通項の一つは、できない理由ばかり探している**、ということです。

これはできないんじゃないか。うまくいかないんじゃないか。そういったネガティブ（マイナス思考）なことばかりが頭の中を支配している。

うまくいく人はそうではありません。こんなことをすれば面白いんじゃないか。これまでと違うことができるんじゃないか、とポジティブ（プラス思考）に考える。いろいろな物事を前向きに捉えていく。そして部下に対しても、ポジティブな方向に持っていこうとします。

基本的に人間というのは、ネガティブにものを考えがちになるようです。しかも、これが長い間の習慣になってしまっている人が少なくありません。そういう思考回路になっているのです。

ですから**私は、部下とコミュニケーションを取るとき、その思考をできるだけポジティブに持っていく**よう心掛けました。もっと幸せになろう、夢を持とう、成功しようというプラスの思考で接していく。

このとき大事なことは、普段の接し方です。ミーティングで話をするときにも、**常に思考がプラスの方向に行くように話をしていく。**新聞記事しかり本しかり映画しかり、ポジティブに持っていける、と感じたものを積極的に使う。

逆に、ネガティブのものをできるだけ使わないのです。

私は、世界中の人たちと接してきて思うのは、特に日本人はネガティブな考え方をしがちだということです。

これには一つの要因があります。それは、日本のメディア報道が、基本的にとてもネガティブなことです。

テレビにしても、新聞にしても、人が死んだとか、誰々が離婚したとか、辞めたとか辞めさせられたとか、不幸な話ばかりが報じられていたりする。

それは、不幸でネガティブなニュースのほうが売れる、数字が取れるからでしょう。日本の場合は国内に時差もない狭い国で、一斉にニュースを流します。アメリカのように、多様なメディア報道はない。それだけに影響力が大きい。

実際、うまくいっていない人は、ネガティブな面、マイナスな面ばかりを見ています。経済が悪い。会社が悪い。商品が悪い……。自分に変えられないものばかりを見て、文句を言っている。

だから、あまりテレビは見ない、新聞は読まないほうがいい、とさえ私は思っています。実際、ポジティブな番組や記事だけを選んで読んでいます。

うまくいっている人は、決まってプラス思考です。ものすごく前向きです。それを率先するのはマネジャーです。

マネジャーがポジティブに変えていく。**こんなポジティブなニュースがあった、と発信していく。それだけでも空気は変わっていきます。**私は仙台支社長時代に積極的にそれをやり、チームの空気は劇的に変わっていきました。

メンバーの中には、ポジティブに切り替えたい、と思っている人が必ずいます。

54 自分の中にある「自分の目」に気づけ

仕事ができるかどうかは、仕事以外の時間帯にどう生きていたか。あるいは、どんな人間関係や、人とのやりとりをしてきたか。それが大きく影響してくると思っています。

私自身は無宗教ですが、神様のようなものの存在は信じています。何か見えない力が動いている、と感じたことは一度や二度ではありません。

普段の行いは、知らず知らずのうちに、表に現れるのです。

世の中には、いい加減な人もたくさんいるのが事実です。たとえば、平気で路上にゴミを捨てる。もしかすると、それは誰も見ていないかもしれません。しかし、見ている人が実はいます。それは、自分です。

誰も見ていないと思っていても、自分は見ている。自分のことは、自分が一番見ているのです。誰かをだましたり、ウソをつく。酔っぱらって人に絡む……。こういうことも、知っている人は見ていないだろう、と思っている。

しかし、自分が見ているのです。これが、最も怖いことなのです。**自分がしていることの問題に、自分でも気づいているから**です。

正しくない行いは、自分の自信やプライド、誇りを**知らず知らずのうちに自分で傷つけているの**です。自分で自分の自信を失わせ、人間形成をマイナスの方向に形作っているのです。

車を運転していると、中央分離帯に空き缶やゴミがよく捨てられています。悪いことだとわかっていて捨てているのでしょう。誰も見ていない。こんなことで捕まることはない、と思っている。しかし、どんどん人間としてダメになっていることに気づいていないのです。

そして、こうした行いは気づかないうちに表に出ていきます。顔に出ていきます。口調に出ていきます。

人前でどんないいことを言っても、人には見えています。「あ、この人は口先で言っているな」と。なぜなら、口先で言っていることに、自分で気づいているからです。本当の自分は、裏で路上に空き缶を捨てたりしているからです。

保険の仕事であれば、お客さまの前に出たときに、どんな人か、すぐに見透かされてしまうと私は思っています。

「この人は何かおかしい」とお客さまは勘づきます。直感的に感情で反応される。そして、契約を断られてしまう。

そういう人に限って、「ちっ、あの客」と舌打ちしたりします。「全然わかってねえな」と侮辱したりする。まったくわかっていないのは、本人なのですが。

だから、マネジャーは自分自身もそうですが、部下にも日頃の行いについて、しっかり語っておかないといけません。正しくない行いをすると、顔つきに出るよ、見たらわかるよ、ということを伝えておかないといけないのです。

人が見ていようが見ていまいが、恥ずかしくない行動や言動をしないといけない。「仕事を離れた場の言動でも、仕事に出てくるよ」ということを伝えてあげないといけないのです。

自分を磨く

特に保険の営業では、私は服装がとても重要になると思っていました。**服装の乱れは心の乱れ**です。

新人であれば、靴をちゃんと毎日磨いて出てくるところから、指導していました。ワイシャツもネクタイも、すべての持ち物を「普通のモノ」にするようにアドバイスしていました。

見た目は普通。でも、活動は非常識。これが、うまくいくライフプランナーに共通していたことだったからです。極めて常識的な服装をして、極めて非常識な活動量で動く。おかしいんじゃないか、と思うくらい一生懸命働く。長く働けばいい、ということではありません。濃密に一生懸命働く。そういう人が成功していたからです。

55

自分が「枠」に
すでにはまっている。
それを恐れなさい

私の血液型はＡＢ型です。その影響もあるのかもしれませんが、先にも書いたように、まずはまわりの環境や状況をよく見るタイプです。

ライフプランナーになったとき、フルコミッションの世界ですから、うまくいっている人と、うまくいっていない人の差がどこにあるのか、とにかく観察しました。

いくつか発見があったのですが、その一つが、先ほどお話ししたように、**常識のようなもの、枠のようなものにとらわれてしまう人、マイナスの思考の人はうまくいっていない、**ということでした。

逆に**うまくいっている人は、既成概念のようなものをほとんど持っていない**のです。とにかくうまくいくと思っている。そして、会社もそうした姿勢を後押ししているように見えました。

思い切った報酬制度や表彰制度もそう。いろんなことをして、もっと枠を外させようとしていたのです。この程度で終わるな、もっともっと、と。経営トップも、「夢がなければ何も始まらない。大きな夢を持て」というところからよく話を始めていました。

その意味で、プルデンシャルは、枠を外してくれる会社でもありました。

普通に日本で暮らしていれば、当たり前のように既成概念を植え付けられます。常識、世の中はこういうものだ、という枠の中に閉じ込められていってしまう。

しかし、**生まれたときは、もっと自由奔放だった**はずです。もっともっといろんな可能性があった。それが、学校教育に始まり、どんどん枠を定められていってしまう。そして、親も子供に枠を押しつけていく。

いわゆる常識という世界で生きるようになっていき、「ご飯が食べられれば」「仕事さえしていれば」「とにかく安定した人生を」と言い始める。まわりにある常識が、自分の常識になっていく。「あんなのは特別な人たち」「もっと堅実に着実に稼がないと」ということになっていくのです。

難しいのは、**こうした枠は自分には見えないことです。だから、外すのが難しい。**しかも、長い時間をかけて、枠にはめられていくと、枠の中でしか発想できなくなっていきます。

一方、大きな成功をしている人には、そうした枠はありません。どういうきっかけで枠が外れたのか、親の影響なのか、親戚なのか、先輩なのか、わかりませんが、枠がない。ときどき、**枠を外してくれる人に出会う**こともあります。

ここで、想像してみてください。

もし、**その存在にあなた自身がなれれば、それは理想のマネジャーではないでしょうか。**

既成概念や常識という枠があることを知らせる。それを外すことができれば、人間には無限の能力があるということを教える。そのためには、あなた自身に枠があってはいけません。

もとより人間は、自分に都合のいいように解釈したがる生き物です。しかも、マイナスの感情を信じる人が多い。たとえば、とても気に入ってある会社に入った。ところが入社してみると、意外にそうではないこともたくさんあった。そうなると、この「そうではないこと」に引っ張られてしまう人が多いのです。

自分が最初にこれだ、と信じたものを、疑わずに信じ続けたほうがいいに決まっているのです。マネジャーは、そのことに気づかせてあげなければいけません。

人間はみんな弱い生き物です。マネジャーはそれを理解して、部下を支えてあげなくてはなりません。そしてもちろん、マネジャー自身が、マイナスの方向に行かないようにしないといけません。

56

語学力を「言い訳」に、海外に出る好機を捨てるな

これまで、アジア、北米、南米、ヨーロッパと世界四大大陸で仕事をする機会に恵まれてきました。その経験から、日本の人たちにぜひ伝えたいのは「**海外に行くために、語学力は要らない**」ということです。

もちろん、あるに越したことはありませんが、なくてもまったく大丈夫です。語学力なんて考えていたら、なかなか海外に出て行くことができない。

しかも、日本にいて語学力を身につけようとすれば、能力がもともとあって、毎日3時間英会話を学ぶ、くらいでないと無理だと思います。そんな人は滅多にいないでしょう。

だから、思い切って行ってみればいいのです。そもそも英語をみんな学ぼうとしますが、イタリアはイタリア語です。韓国は韓国語。ブラジルはポルトガル語です。英語が通じる

のは、アメリカだけです。

世界で見たら、英語はたしかに共通語ではあるかもしれません。実際、トップエグゼクティブは、みんなほぼ英語ができるかもしれない。しかし、普通の人たちは英語なんてできません。だから、**語学力など、意味がない**のです。

それこそ最低限の単語すらわからなくても、絵に描けばいい。身振り手振りや表情でも、いろいろなことを伝えられます。笑っているのか、怒っているのかもわかる。

言葉なんて、なんとかなるのです。それよりもまずは出て行くこと。実際のところは、これがないと生きていけない、となったら語学は必ず身につきます。

日本のパスポートは世界中ほとんどの国に行くことができるのです。これだけ世界で通用するパスポートを持っている日本人が、海外に出て行かないのは、本当にもったいない。

世界に出て行くことによって、日本の常識を崩していくこともできる。逆に、日本のこともよくわかります。

世界に出て感じるのは、日本人の能力の高さです。明らかに高い。教育のレベルが違う。均一性が違う。識字率は世界一だと思います。世界では、文字を読めない、書けない人がたくさんいるのです。日本人の基礎能力はダントツに高いのですが、島国の日本の中だけで生きていると、このことに気づけません。その価値がまったくわからないのです。外国に行けば、日本の本当の良さ、日本の価値の高さが見えてきます。そこに気づくことで、日本から外国に日本の良さをもっともっと発信し、伝えるべきだと思うのです。それが、まるでできていないのは、世界に出て行かないからです。

一方で、日本の非常識ぶりにも気づけます。たとえば、交通標識一つとっても、日本だけルールが違うのです。高速道路を車で走っていて、右が東京方面、左が名古屋方面だったとしましょう。

日本の交通標識では、矢印は上に向いています。つまり、走行方向に向いているのです。しかし、アメリカの標識は違う。矢印は下に向いています。この道を進め、という意味です。ヨーロッパでも同じです。向こうに行け、と看板で指示する国はあまりないのです。

日本の常識は世界の常識だと思っている日本人は少なくありませんが、実は違う。世界に出れば、それがわかります。標識は一つの例ですが、まったくグローバルスタンダードではないのです。

このままでは、日本はグローバルな世界では生きにくくなってしまう。日本のやり方を世界に知ってもらうためにも、多くの人が外国に行って、日本をアピールしてくるべきなのです。そして日本でおかしいものは、どんどん変えていく必要があるのです。

57 力のある人ほど、絶対に偉そうにしない理由

部下に対して、威厳を示したい、と考えているマネジャーがときどきいます。自分との立場の違いを示したい、権威を認識してもらいたい、上司として尊敬してほしい。そんな思いは、態度に出てしまいます。

ひどいときには、上から目線で偉そうにしたり、肩で風を切って歩いたり。なめられたくない、ということもあるのかもしれませんが、自分がなめられるかもしれないと思っている時点で、もうなめられてもおかしくない、ということに気づく必要があります。自信がないから、虚勢を張っているようにしか見えないのです。**マネジャーは普通でいい**ので

す。ナチュラルでいい。偉そうにする必要はまったくありません。

実際、**本当に力のある人は、絶対に偉そうにしたりはしません。**

なぜなら、**そんなことをする必要はないから。**能力も高いし、結果も出せる自信を持っている。自分をしっかり認識している。だから、普通にしているのです。

そうではなく、中途半端な立場にいる人ほど偉そうにしてしまう。結局、自分を大きく見せたい、ということだと思います。

大きく見せようとしている人に近づこうとする人はいません。誰も、「ああ、この人は偉いんだ」とも思わない。そういう態度を取る人は、誰もそんなふうには思わない、ということを知っておくべきです。

実際、偉そうにしている人には、まわりに人が寄っていきません。そういう人には、指摘をしてくれる人も現れない。言いにくいからです。

しかも、そういう人こそが、実は一番の味方になることに気づかずに、排除していってしまう。

身内の部下だからこそ、指摘をしてもらうことには意味があるのです。本当に偉い人は、そういうことを素直に受け止めます。話しかけてもらったり、指摘をしてもらうことの価値をよくわかっているからです。

部下の前では威張りちらし、偉い人の前ではペコペコする人もいます。しかし、いずれは、そういう行動も多くの人にばれます。もし、ばれなかったとしても、上の立場に立ったときに部下からは支持されません。

どうやって偉くなったか、部下が一番よく見ているからです。支持されないで偉くなってしまうと、これはまた大変です。大きく見せると、自分が困る。自分が苦労することになるのです。

58
とことん人を信じて、任せなさい。必ず人は応えてくれる

上司の器の大きさの一つは、どれだけ本気で部下に任せきることができるか、に現れる

事でした。

と思っています。それを強く感じたのは、プルデンシャル生命の創業者、坂口さんとの仕

坂口さんは、部下を信頼するのです。任せきるのです。そして任せたら、徹底して応援するのです。

坂口さんのまわりには、たくさんの直属の部下がいました。実際には、いろいろな人がいました。

しかし、坂口さんは**絶対に悪口を言いません**でした。入社したばかりの私は、まだ若かった。我慢ならないことがあり、直接、社長の坂口さんに訴える機会もありました。

「こういうことはないと思う」と言いつけたりしたこともあった。そんなとき、坂口さんは黙って聞いて、こう言うのです。

「いや、でもな、あいつにも、こういういいところがあるんだ」

その人を守るのです。言っていることもわかる。でも、あいつも頑張っている。こういうところもあるけれど、こういういいところもある。だから、それは認めて、ちょっと助けてやってほしい、と。

私はあるとき、ハッと気づきました。坂口さんのもとには、おそらくいろんな人が、い

ろんなことを言っていたはずです。

もしかすると、私の悪口を言っていた人もいたかもしれない。「あいつはダメだ」「あいつは使えない」と。

しかし、そういうときにもきっと坂口さんはこう言っているだろうな、と思いました。

私が感じたのは、この人は誰に何を言われても、部下を信頼しているんだな、ということです。悪口を言っても、告げ口をしても、そういうものには同調しないのです。これが**「いや、でもな、あいつにも、こういういいところがあるんだ」**

いかに大事なことか、私は後に大きな組織を率いることになって強く実感することになりました。**小さな綻《ほころ》びから、信頼というのは崩れていく**のです。

坂口さんのそうした姿勢は、仕事のさせ方にも現れていました。

ブラジルの立ち上げ責任者として現地に入ったとき、私は現地の責任者とかなりぶつかりました。私は日本から送り込まれた責任者です。こうしないといけない、こうしないとうまくいかない、という強い気持ちを持っていました。

でも、現地の責任者は別の考えを持っていました。事あるごとに衝突して、最後は「そんなことを言うのなら、こんなプロジェクトはできない！」という発言で終わることもありました。

現地の役員からは、「あの八木というのはダメだ。降ろしてくれ。他の人に代えてくれ。あいつは日本語しかできない」といった話が、日本の坂口さんのもとには寄せられていた、という話をあとで聞きました。

しかし、坂口さんはこう言ったというのです。

「わかった。しかし、八木をもし降ろして他の人に代えるのであれば、われわれはこのプロジェクトから降りる」

私1人のために、プルデンシャルのブラジルプロジェクトをやめる、とまで言ったのです。「ベストな人材を連れて来ている、彼以外にできる人はいない」と。

これを聞いたのは、後になってからです。そうやって厳しいやりとりで揉めている頃、坂口さんがブラジルにふらりと来たことがありました。

「おい、メシ食いに行くぞ」

と電話が入って、食事に行きました。しかし、**そんな話は一切なかった。**パーティジョークでさんざん笑わせてくれて、何も言わずに帰って行きました。

事の次第を聞いたのは、後になってからです。カッコ良さにしびれました。そして、それまでにも増して、私は猛烈に働くようになりました。

信頼されると、こちらもそれに応えようとするのです。そうすると、必死で働く。時には朝晩も土日もなく働く。考えてみれば、部下をやる気にさせるのが、うまい人だったのかもしれません。

でも、坂口さんのために頑張ろうと思いました。なんとしてでも坂口さんを応援したいと思いました。そう思わせてくれる、マネジャーでした。

59 毎日、自分を疑って、自分を鍛え続ける

「部下の成功を優先すれば、マネジャーの成功は必ずついてくる」

私は常々、そう思ってきました。**部下を成功させてこそ、自分も成功できる**からです。

部下の成功なしに、マネジャーとしての成功はない。その順番を、しっかり理解しておくことです。

部下がうまくいってほしいと心から思うこと。それは、すぐに部下にはわかります。自分の出世だけを考えて、部下の出世なんて、どうでもいいと思っている人もすぐにわかる。だから、部下は頑張ろうとは思わない。

面白いものですが、**自分の出世なんてどうでもいいと思っている人のほうが出世する**ものです。

出世したい人は出世が目的です。そうではなくて、本気で会社をよくしようとしている人、部下と一緒に成功したい人を出世させないといけない。そうでなければ、会社は大きくなっていかないからです。

だから、**私は常に自分を疑う**ようにしています。自分は本当に部下のみんなが幸せになってほしいと思っているのかどうかを、です。

もしかして自分がまだ出世したいと思っていないか。自分は実は自己中心的なマネジャーなのではないか、と。

これを絶対に問い続けなければいけません。世の中は、聖人君子みたいな人ばかりではないのです。そして基本的に、人間は自己中心的なのです。本当に生きるか死ぬかになれば、自分が生きるほうを選ぶ。絶対本能は自己中心的なのです。

そんな自己中心的な人間の中で、どうしてあなたがマネジャーに選ばれたのか。それは、組織の中で、あなたが人のことを考えることができる人だから、なのです。もっと人のために、部下のために本当に成功してほしいと思える人なのではないか、という期待からマネジャーに選ばれたのです。

その期待に応えないといけない。そのためにも、自分に問い続けなければいけません。

自分は本気で人のため、部下のために仕事ができるのか、と。

苦しいことかもしれない。でも、こういう人が組織には必要なのです。こういう人を、組織は見抜くのです。

自分を超えられたくなくて、自分に近づこうとする人をつぶそうとする人もいます。しかし、それは正しくないことです。

大きな組織であればあるほど、正しい組織であればあるほど、上の人はこういうことをよく見ています。自分の出世なんかより、部下の出世を考えている人を選びます。大きな成果を上げる可能性を、持っているからです。

60

人間力は、「人生のバランス」から生まれる

端的に言えば、「応援されるマネジャー」に必要なのは、人間力です。誰かのために、という思い。自分に自信があるから等身大でいられる。素直に人の話を聞くことができる……。

こうした**人間力は、実のところ仕事だけで養われるものではない**、と私は思っています。仕事を離れた普段の行動や考え方から徐々に備わっていくのです。そして大事なことが、バランスです。

たとえば、もちろん仕事も大事にしているけれど、家族も大事にしている。お金もきちんとマネジメントできている。社会貢献活動にも力を入れている。地域にも貢献している……。

そうした、さまざまな側面について、一つひとつ人としてバランスよく取り組みを進めていかないといけない、ということです。

仕事ばかりして家庭を顧みない。お金が入ってくると夜の街で使い込んでしまう。社会貢献活動にはまるで興味がない。地域でみんなで掃除をしましょう、というときに「オレは忙しいんだ。休みの日くらいゆっくり寝させろ」と出てこない……。

こういうことでは、バランスが悪くて、いびつな人生になっていきます。もちろん全部ができている人はそうそういないと思いますが、大事なことはこのバランスについて頭を巡らせておく、ということです。正しいことをちゃんとバランスよくやっていく意識を持っておくのです。

会社以外の友達を大事にする、といった人間関係も重要です。自分自身を充実させ、人のつながりも作ってくれる趣味を持つということも大きな意味を持ちます。

仕事をすでにリタイヤしている知人で、私がとても尊敬している人がいるのですが、彼がこんなことを言っていました。

「名刺を失ったときに、本当の人間の本質が見える」

肩書きをすべてなくしたとき、まわりから誰もいなくなってしまうようでは、こんなに

人間力のマトリクス

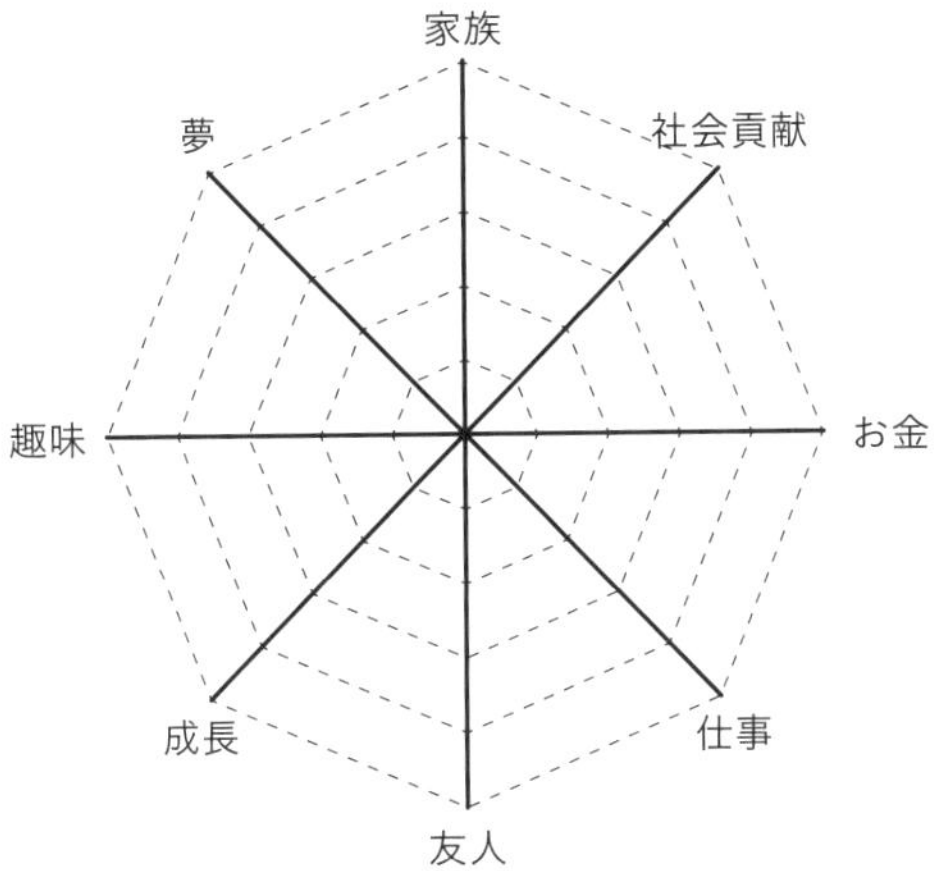

寂しい人生はない、と彼は語っていました。それは虚勢を張って、名刺の肩書きだけで生きてきた、間違った生き方をしてきたのだ、と。

そこで彼が大事にすべきだと語っていたのが、**三つのキーワード**でした。

一つは、**社会貢献**。そのための活動をすることです。

社会貢献活動をするときに、名刺を出す人はいません。つまり、名刺を出さなくてもいいことをどのくらいやっているか、ということです。

そして二つ目が、**趣味**です。一生通じてできる趣味を持っておかなければいけない。趣味で出会った人に、名刺を差し出す必要はないでしょう。そして、そこで一生涯、一緒に趣味を楽しめる友達や仲間を作る。

会社の人とだけ飲みに行き、ゴルフに行ったりして遊んでいたら危ない。それは、名刺でやっていることだからです。名刺を失ったら、それはなくなってしまうのが、現実なのです。

三つ目は、**文化芸術**です。クラシック音楽でもいいし、海外でもジャズでもいい。ピカソを見に行ったときに、名刺を渡すことはないでしょう。

大事なことは、**名刺がなくても自分の関心があるものがあり、自分の魅力を伝えられるものがある**ということです。そうすれば、名刺を失った後も人生はとても楽しいのです。それは、定年後もそうですし、在職中もそうです。仕事以外に居場所がある人は強いのです。

人間的に魅力のある人は、いろいろな顔を持っています。社会貢献もしているし、自らの趣味も持っている。寄付をしたり、ゴミ拾いのボランティアをしたり、恵まれない子供たちの支援をしたりしている。自分の感性に刺激を与えてくれる場に積極的に出かけている。名刺と関係のない世界を持っているのです。

こういうところから、人間力は備わっていく。そんな皆から尊敬される、慕われるマネジャーにぜひなってほしいと思います。

おわりに

マネジャーになる人に知っておいてほしいこと

「マネジメントとは、技術ではなく心の持ち方である」

私は、マネジャーとして仕事をするとき、このことを第一に考えてきました。社員やメンバーの幸せを心から願う思いやりの心があってこそ、マネジャーの行動は生きてくる。その心がなければ、いくらスキルや知識があっても結果はついてきません。

ここまでお話ししてきたように、私はマネジャーとして結果を出すことができたと思っています。

しかし、実は最初からうまくいったわけではありませんでした。むしろ、毎日が悩みごとの連続でした。営業マネジャーになって、最初の半年ほどはなかなかうまくいかなかったのです。

それには理由がありました。ライフプランナーとして成功することができて、自分の中に慢心があったのです。

自分は今まで自分なりのやり方でうまくやってきた。きっと自分流でやればうまくいくはずだ、と。ところが、そんなことはありませんでした。

「こうすれば、うまくいく」と思っていたことが、実際に試してみるとまったくうまくいかない。私がライフプランナーとしてやっていたことを、そのまま教えれば売り上げがついてくるはずなのに……。

でも、そのときの私には「心」がなかったのです。メンバーのことを考える余裕がなかった。なんとかマネジャーとして結果を出したい、認められたいという思いが先行していたのです。

葛藤の日々がしばらく続いたあと、私はその事実に気づき、メンバーの気持ちを第一に考えるようになりました。

だから、「そうはいっても自分のやり方でやれば……」と考える人もいるかもしれませんが、それではなかなかうまくいかないのです。私だけの話ではなく、たくさんのマネジャーを観察してきて、必ずそういう人はうまくいっていませんでした。

そのことを理解し、部下にまっすぐに向き合えば、マネジャーは必ず成功します。失敗する理由がないのです。
本書でお伝えしたことを基本に、マネジャーとして日々努力をしてみてください。それが、組織を強くし、人生すらも幸せにしてくれる、私はそう断言できます。この本を読んでいただいたすべてのマネジャー、マネジャー予備軍の皆さんの成功を心から応援しています。

最後になりましたが、本書の制作にあたっては、ダイヤモンド社の木山政行さん、逸見海人さんにお世話になりました。構成にあたっては、ブックライターの上阪徹さんにお世話になりました。この場を借りて、心より感謝申し上げます。
また、本書の企画にあたっては、アイクリエイト代表取締役の粟田あやさんにお世話になりました。皆様ほんとうにありがとうございました。

2018年1月

八木昌実

［著者］
八木昌実（やぎ・まさみ）
株式会社エイトウッズ代表取締役社長。
1959年、大阪府生まれ。1982年、甲南大学法学部を卒業。1982年、ハウス食品工業株式会社に入社。その後1989年、プルデンシャル生命保険株式会社に入社。1990年、わずか入社１年半でライフプランナーとして全国約1000名のトップに。翌年、広島支社で営業所長に就任。その後、支社長、執行役員常務、執行役員専務を歴任し、2007年、ジブラルタ生命保険株式会社執行役員専務に就任。2011年、AIGエジソン生命保険株式会社代表取締役副社長に就任。2013年にはその実績が認められ、プルデンシャル米国本社国際保険部門のシニア・バイス・プレジデントに就任。
在職中に、社長杯に7回連続入賞。また、会社のビジョンやミッションの策定、社員満足度の向上などにも取り組む。マネジャーとして、全国最下位の支社を10カ月で2位まで改善させた。また立て直し屋としての手腕を買われ、国内だけでなく、韓国、ブラジル、ポーランドをはじめ、10カ国以上の拠点を直接、指導し、立て直す。特に、韓国では崩壊寸前だった会社をわずか１年で立ち直らせ、世界をリードするまでに育て上げた。2017年、株式会社エイトウッズ、株式会社エイトウッズスターリゾートを設立し独立、代表取締役社長に就任。営業やマネジャー向けの企業研修、観光事業など多岐にわたって活躍する一方で、公益財団法人メイク・ア・ウィッシュ オブ ジャパン理事長も務める。

25年間「落ちこぼれチーム」を立て直し続けてわかった
マネジャーとして一番大切なこと

2018年２月15日　第１刷発行
2019年４月23日　第７刷発行

著　者——八木昌実
発行所——ダイヤモンド社
〒150-8409　東京都渋谷区神宮前6-12-17
http://www.diamond.co.jp/
電話／03･5778･7232（編集）　03･5778･7240（販売）
装丁————中村勝紀（TOKYO LAND）
本文デザイン——布施育哉
DTP　———キャップス
製作進行——ダイヤモンド・グラフィック社
印刷————新藤慶昌堂
製本————本間製本
編集協力——上阪徹
編集担当——逸見海人

ISBN 978-4-478-10450-7